UNE ÉDUCATION NÉOHUMANISTE

POUR UN MONDE NOUVEAU

Une éducation universaliste qui s'appuie sur la sagesse du yoga et les sciences de l'éducation

Par la professeure et yoginii
Susan Andrews, *alias*
Avadhútiká Ánandamitrá *Ácáryá*

ÉDITIONS ANANDA MARGA

L'éducation, c'est :

Élargissement de l'esprit
Discipline de soi
Universalité du point de vue
Caractère et véracité
Activité
Tempérament agréable
Idée spirituelle
Omnisciente Grâce
Noble conduite

Ce livre s'inspire des œuvres de P. R. Sarkar, avec une mention particulière pour son essai *Libérer l'intelligence, un Nouvel humanisme*. Les photographies qui illustrent le texte ont été prises dans les écoles de l'Ananda Marga du monde entier.

[Les chiffres en appel de notes renvoient aux nombreuses notes bibliographiques situées en fin d'ouvrage.

L'ouvrage anglais utilise les termes conscient et subconscient pour représenter les couches psychiques sensoridésirante et mentale. En accord avec la critique que fait de cet usage P.R. Sarkar, notamment dans *Idea and Ideology*, nous avons préféré retenir la traduction des termes sanscrits, également utilisée dans les traductions françaises des ouvrages de Shrii Shrii Ánandamúrti (P. R. Sarkar).]

Copyright 2020 Ánanda Márga Pracáraka Saḿgha (Central) et Ánanda Márga Pracáraka Saḿgha France.
Traducteur : Pranatosh, révision, correction et adaptation J.C.
Directeur des publications en Europe *Ác.* Jyotiirúpánanda *Avt.*
Première édition française, publiée par les éditions Ananda Marga, 153 avenue du maréchal Joffre, 66000 Perpignan, France.
Dessin de couverture par Joan Albright.
Tous droits réservés pour tout pays.
ISBN 978-2-907234-13-9, dépôt légal 2ᵉ semestre 2020.

À Prabhat Ranjan Sarkar

le maître enseignant de

tous les enfants

du monde

SOMMAIRE

La crise de l'éducation

*Nous ne faisons aujourd'hui que découvrir jusqu'à
quel point on peut éduquer et perfectionner l'humanité.
Nous n'avions jamais été confrontés à cela auparavant.*
Dr. Jérôme Bruner

*Personne n'a jamais su m'expliquer dans quel but
on m'éduquait.* Paul McCartney

Telle l'eau qui s'écoule sans relâche vers la mer, le mouvement
de la vie poursuit son cours vers un but qui nous est invisible, depuis
trois milliards d'années. Ce mouvement crée des organismes toujours
plus perfectionnés aux facultés mentales de plus en plus subtiles, au
volume crânien en augmentation et dont le cerveau, qui décrit de plus
en plus de circonvolutions, possède des capacités qui vont sans cesse
s'accroissant. Le cerveau que nous, êtres humains, possédons aujour-
d'hui est le résultat de ces ères d'évolution lente et régulière. Avec sa
centaine de milliards de neurones interconnectés, il est, tel un métier
à tisser enchanté, capable de tisser des centaines de milliers de milliards de modèles faits de pensée et de sentiment, que nous n'avons
même jamais entrevus. Les facultés que possède l'esprit humain à la
naissance sont réellement immenses, et tout enfant né avec ce miraculeux cerveau-esprit est un génie potentiel.

La grande promesse qui accompagne toute naissance semble cependant aujourd'hui entièrement vouée à l'échec. Les êtres humains
naissent comme des papillons et meurent comme des cocons. Notre
système d'éducation produit des générations toujours plus traumati-
sées, désemparées, violentes, agressives, hostiles et déroutées, en
proie à la méfiance et au désespoir. Il en résulte une désagrégation de

plus en plus rapide du tissu social. Nous assistons partout à une re-crudescence, parmi la jeunesse, de l'autisme et des maladies menta-les, de l'abandon des études et de l'analphabétisme, de l'abus de drogues et des actes de vandalisme, des maladies vénériennes, des fugues et des suicides. Une récente enquête révèle que vingt-cinq pour cent des jeunes recrues de la marine américaine ne savent pas suffisamment lire pour pouvoir comprendre les mesures de sécurité de base, et que quarante pour cent des jeunes de dix-sept ans ne sont pas capables de tirer des conclusions d'un texte écrit. Parmi les en-fants japonais, la fréquence de la violence (des écoliers qui se brûlent les uns les autres avec des cigarettes ou qui poignardent à mort leurs professeurs) est telle que le Japon l'a déclarée « urgence nationale ».

On dépense actuellement dans le monde des milliards de dollars et d'heures de travail pour tenter de réformer les systèmes éducatifs. Mais la plupart de ces solutions sont hélas vouées à l'échec, car elles se polarisent sur un faux problème : fournir des connaissances. Dans de nombreux pays, les récentes réformes de l'éducation n'ont fait qu'augmenter le nombre d'heures et de mois d'école, et contraignent les élèves à ingurgiter toujours plus de connaissances[a]. Mais c'est justement cette préoccupation pour le savoir qui a déshumanisé nos écoles et aliéné la jeunesse. Quand on considère les enfants comme des récipients dont la fonction première est de recevoir, contenir, puis déverser leur contenu sur commande, étudier devient un exer-cice mécanique. Les étudiants, s'ennuyant, se défoulent de leur frus-tration en devenant agressifs, ou essaient simplement de fuir[b]. Les jeunes veulent aujourd'hui un changement, et ils le veulent tout de suite.

---

[a] Le mathématicien Felix Klein a comparé le collégien ou le lycéen d'aujourd'hui à un canon chargé de connaissances pour dix ans : après avoir fait feu, il ne reste plus rien à l'intérieur.

[b] Albert Einstein a dit un jour : « Il est en fait tout à fait miraculeux que les mé-thodes modernes d'enseignement n'aient pas complètement étouffé cette curiosité sacrée qui est à la base de toute recherche. »

L'éducation néohumaniste

Les scientifiques affirment aujourd'hui haut et fort que nous n'utilisons qu'un pour cent de notre potentiel humain. Le premier devoir de l'éducation est donc de faire éclore[a] l'ensemble de ce potentiel, afin que nous devenions pleinement humains. Tel est le but de l'éducation néohumaniste : l'effort concerté pour développer le potentiel humain de chaque enfant à son maximum, à tout moment et partout.

L'éducation néohumaniste éduque l'enfant dans sa totalité. Elle ne se contente pas de fournir des connaissances intellectuelles, ni ne dresse les élèves à satisfaire, comme des robots, l'instituteur par la « bonne » réponse.

Mais qu'est-ce qu'un enfant dans sa totalité ? Quelles sont les dimensions de la personnalité que nous devons développer si nous voulons devenir pleinement humains ? Nous devons en premier lieu comprendre ce qu'est un être humain, car c'est sur cette claire compréhension que repose tout le programme d'études néohumaniste.

Les différents niveaux d'existence

Les enseignements des maîtres spirituels de l'antiquité à nos jours rejoignent aujourd'hui les théories de la physique moderne dans leur description de l'existence. Celle-ci ne serait pas une réalité unilatérale, mais un univers constitué véritablement de différents niveaux d'existence. Ces niveaux d'existence iraient du plus grossier et dense (le niveau physique) à un champ unifié de conscience infinie, en passant par des niveaux subtils, psychiques, intermédiaires. L'esprit humain lui-même est, ainsi l'affirment de nombreux psychologues, de façon similaire, un univers constitué de différents niveaux variant du grossier au subtil. Plus les couches se succèdent et plus la

---

[a] Le mot éducation vient du latin « *educere* », « faire sortir de » [Confer Albert Jacquard, *L'héritage de la liberté*].

conscience est sereine et vaste, car les niveaux élevés contiennent de vastes réserves d'énergie et de connaissance.

Notre univers mental part du corps physique pour atteindre au niveau le plus subtil de l'esprit surconscient, royaume de la conscience infinie, pur moi/nature intérieur. Dans cet état de paix parfaite, tous les conflits et contradictions des niveaux plus bas se dissolvent... ici tout est un. Lorsqu'on atteint cet état, même seulement un instant, une joie inexprimable irrigue toute son existence.

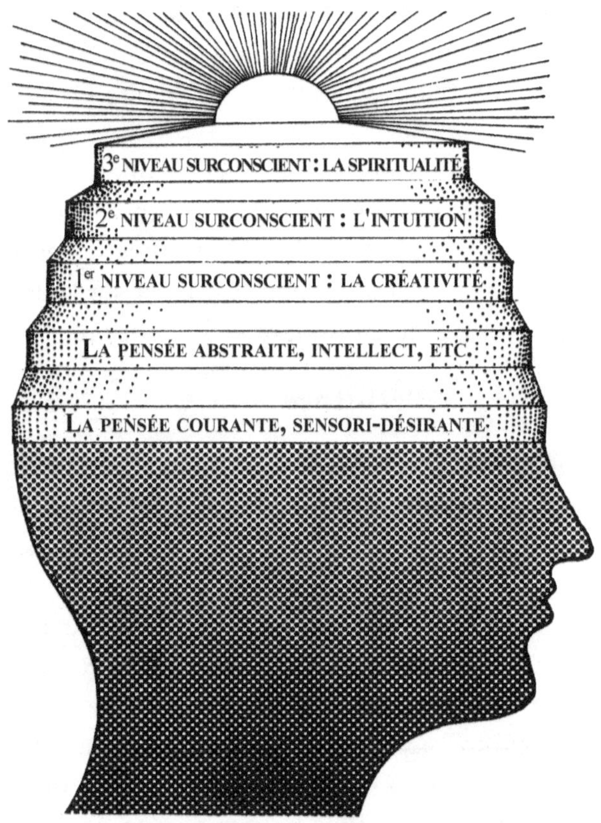

On a : 1) la pensée courante, sensori-désirante. 2) la pensée abstraite : intellect, mémoire, etc. 3) l'esprit surconscient, premier niveau : la créativité. 4) l'esprit surconscient, deuxième niveau : l'intuition. 5) l'esprit surconscient, troisième niveau : la spiritualité.

Ces niveaux ne sont pas de simples concepts de psychologues, mais des niveaux fonctionnels dont chacun peut faire l'expérience avec l'entraînement et la discipline nécessaires[a]. La plupart des êtres humains ne connaissent hélas jamais les niveaux les plus profonds de leur moi le plus intime. Ils expérimentent uniquement les deux premiers niveaux (sensoriel et mental), parce que l'agitation de ces niveaux superficiels les empêche d'aller au-delà.

Ce qui rend l'éducation néohumaniste unique est que, contrairement aux autres systèmes et méthodes d'éducation qui visent à développer seulement l'un ou l'autre de ces niveaux, elle développe systématiquement tous les niveaux de l'existence humaine et conduit progressivement et joyeusement l'individu vers l'Infini. C'est une éducation « holistique/holiste[b] » dans le vrai sens du terme, car elle ne néglige aucune expression de l'âme humaine, elle n'ignore aucun aspect de la vie humaine.

---

[a] Pour une description détaillée de ces niveaux, lire du même auteur *Les Secrets de l'esprit*, France, éditions Ananda Marga, 2018.
[b] Du grec *holos*, entier. (ndt)

Le niveau corporel

Tous les systèmes d'éducation cherchent par la culture physique, l'athlétisme, les jeux, le sport, la danse, etc. à éduquer le corps. La liberté de mouvement est de fait essentielle à un développement fructueux, mental comme physique. De nombreuses études ont montré que l'équilibre, le rythme et la coordination ont une grande influence sur les émotions et la croissance intellectuelle de l'enfant.

Ces exercices moteurs ne sont cependant pas suffisants. Notre corps peut accomplir des choses beaucoup plus subtiles que taper dans un ballon, sauter en l'air ou marcher au pas. Pourquoi ne pas enseigner dès la maternelle des mouvements rythmiques plus subtils, comme les danses gestuelles orientales, en particulier celles qui comportent des mouvements expressifs des mains appelés *mudrâs* ? Nous savons que des doigts agiles vont de pair avec un parler clair et une pensée vive, alors que la maladresse est signe de lourdeur d'esprit. Si les enfants pratiquent dès leur plus jeune âge ces gestes gracieux, leurs doigts, et leur esprit, deviendront vifs et souples.

« In-ercices » pour les glandes endocrines

Un système de culture physique n'est pas complet s'il se limite aux exercices qui affectent les muscles. Il doit aussi comprendre des « in-ercices » qui affectent les organes internes du corps, en particulier les glandes endocrines. Les glandes endocrines sécrètent dans le sang des hormones qui règlent toutes les fonctions du corps – la croissance, le métabolisme, la digestion, le niveau d'énergie, la température, la sexualité – et agissent sur l'esprit. L'hyper ou l'hypo-sécrétion des différentes glandes peut provoquer des désordres mentaux et des émotions négatives (anxiété, haine, colère ou peur) qui détruisent la santé et la paix de l'esprit.

Il y a des milliers d'années, des yogis ont compris que l'équilibre des sécrétions hormonales était nécessaire à la maîtrise des émotions négatives et à la croissance du corps et de l'esprit. Ils ont mis au point un ensemble de postures dites « *âsanas* »[a], totalement différentes d'autres exercices vigoureux. Lors de ces *âsanas*, ou postures de yoga, on alterne des mouvements lents et légers accompagnés d'une respiration profonde avec des moments de totale immobilité, ce qui détend profondément les muscles et les nerfs, et exerce une pression précise et délicate sur les glandes endocrines.

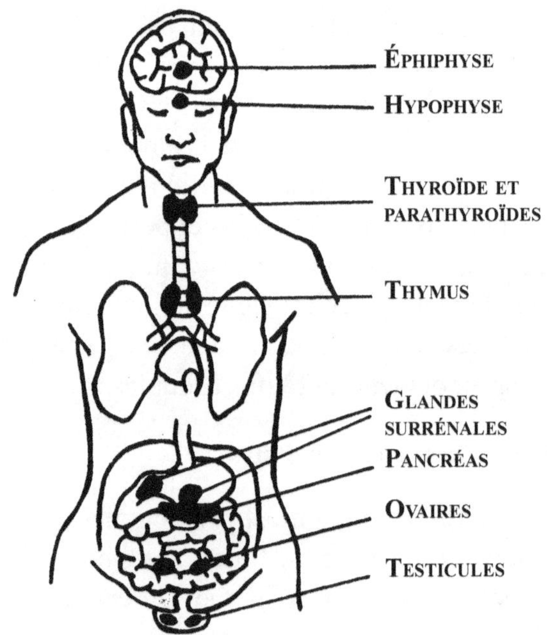

LES GLANDES ENDOCRINES

---

[a] Littéralement : « position confortablement tenue. » La plupart des *âsanas* reçurent leur nom d'après les animaux qui inspirèrent ces yogis vivant dans des lieux sauvages, et dont ils imitèrent les poses caractéristiques : le cobra, le lion, le paon, la tortue, etc.

Dans la posture du lièvre (*shashâungâsana*), par exemple, on appuie de façon répétée le sommet de la tête contre le sol, ce qui masse l'épiphyse, dans le cerveau.

On a récemment découvert que l'épiphyse produisait certaines hormones, dont la sérotonine, qui influencent profondément notre conscience. Si la production de sérotonine dans le cerveau s'interrompt, on éprouve une profonde détente, suivie d'un sentiment de bonheur et de conscience élargie. La pratique régulière de la posture du lièvre, avec son effet direct sur l'épiphyse et ses sécrétions, développe patience et tranquillité de l'esprit.

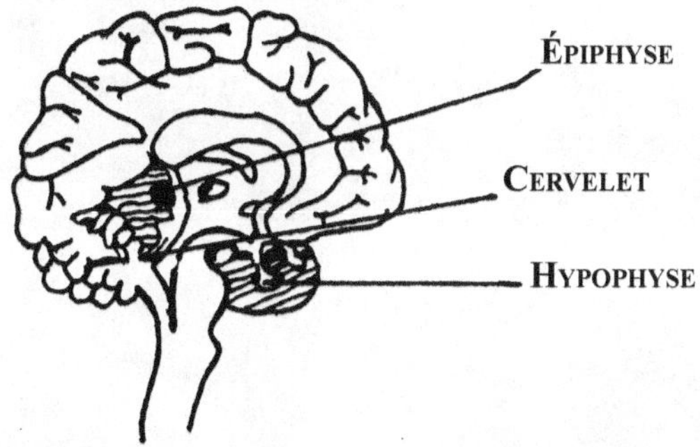

Dans les écoles néo-humanistes, les enfants apprennent, dès leur plus jeune âge[a], les postures de yoga (la posture du lièvre, celle du serpent, dite du cobra, ou d'autres). Cela non seulement les maintient

---

[a] On peut enseigner aux enfants des postures de yoga *(âsanas)* simplifiées, dès l'école maternelle. On ne pratique les postures complètes, où l'on reste immobile pendant un certain temps en retenant son souffle, qu'après la puberté, une fois les glandes endocrines pleinement développées.

en parfaite santé physique par l'assouplissement des articulations, le massage des organes internes et la stimulation de la circulation, mais aussi affine le corps et prépare l'esprit à une conscience plus élevée.

Les enfants sont fascinés à tout âge par les postures de yoga, et ils se mettent facilement même dans les positions les plus difficiles. Les exercices du yoga entretiennent la souplesse naturelle de la jeunesse et développent l'équilibre. C'est l'un des meilleurs moyens de canaliser la très grande énergie de l'enfant : mêmes les enfants « hyperactifs » sont plus calmes et plus à même de se concentrer après la pratique des postures de yoga. L'on devrait les enseigner aux enfants, comme toute chose d'ailleurs, en faisant preuve d'imagination, leur faire émettre le son des différents animaux dont ils prennent les poses : « Imaginons-nous être des serpents yogis ! Étendez-vous sur le ventre avec vos jambes jointes et le front sur le sol…Respirez profondément, et redressez-vous lentement en cambrant le dos comme un magnifique cobra dans la jungle ! Sifflons tous comme des cobras : Sssssss ! »

L'auto-guérison

De plus en plus de médecins se rendent compte que beaucoup, sinon la plupart de nos maladies sont en fait psychosomatiques, inséparablement liées à l'esprit. De nombreuses études ont montré que les émotions négatives peuvent provoquer l'échec des défenses du corps contre la maladie en affaiblissant la réponse immunitaire aux virus et aux bactéries. Elles ont également montré que la probabilité de souffrir de maladies graves comme le cancer, l'hypertension, les maladies cardiaques, comme de mourir jeune, était plus grande chez des gens fortement instables et émotifs[1]. Elles ont établi qu'il existe un lien entre la tendance chronique à refouler sa colère et le cancer du sein, et montré que l'anxiété permet aux virus de produire des ulcères cancéreux.

Si les attitudes mentales jouent – à cause de l'interdépendance subtile de l'esprit et du corps – un rôle important dans nos maladies, elles peuvent aussi jouer un rôle important dans notre guérison. Les êtres humains ont la capacité étonnante d'accroître l'efficacité de leur système immunitaire, et donc leur santé, par la pensée positive. Les attitudes mentales positives et la relaxation peuvent soulager la douleur et guérir de nombreuses maladies dont l'hypertension, les maux de tête chroniques, et même la paralysie et l'asthme ![a, 2]

Au lieu de toujours abandonner notre corps et notre esprit aux mains de médecins, qui s'efforcent de maîtriser les problèmes physiques de l'extérieur, il nous faut découvrir, comme disait Albert Schweitzer, le « docteur du dedans ». Nous devons apprendre à utiliser notre faculté innée d'auto-guérison, d'autorégulation de nos états

---

[a] Nous sous-estimons véritablement nos facultés. Les rares personnes ayant sciemment dirigé leur attention à l'intérieur d'eux-mêmes sont parvenues à un remarquable contrôle de leur système nerveux autonome et de leurs processus internes. Certains yogis peuvent faire battre leur cœur jusqu'à trois cents fois par minute, et il y a dans les nuits glaciales des neiges himalayennes des adeptes tibétains qui réussissent à faire monter leur température au point de faire fondre la glace !

intérieurs. De plus en plus de gens dépendent complètement de leurs médecins, des tranquillisants ou des antalgiques ou souffrent de sérieux effets secondaires de médicaments allopathiques. Pour parer à cela il faut que chaque personne devienne plus responsable de son état de santé, et c'est quelque chose qu'il lui faut apprendre dès l'enfance.

Connais-toi toi-même

Contrairement aux écoles traditionnelles qui se contentent de diriger l'attention des enfants vers l'extérieur, les écoles néohumanistes s'efforcent, dès la maternelle, d'apprendre aux enfants à « se connaître ». On leur apprend à explorer leur corps et leur esprit, et à être sensibles à leurs dispositions intérieures. On leur apprend que l'esprit a une autorité sur le corps et qu'ils peuvent se guérir. Ils apprennent, en pratique, à prendre soin de leur corps. Par les postures du yoga et surtout la relaxation profonde et la méditation, ils apprennent à maîtriser leurs émotions négatives et à libérer leur corps et leur esprit des tensions perturbatrices.

La relaxation profonde

Les médecins ont découvert que quelques minutes seulement de relaxation profonde engendraient une baisse rapide de la pression sanguine et des battements du cœur. Durant la relaxation, la tension musculaire s'abaisse en dessous du niveau qu'elle atteint au cours du sommeil, et les centres nerveux surmenés se revitalisent. Le corps entier se revigore en un temps très bref et de nombreux maux, surtout ceux dus à la tension nerveuse, peuvent complètement disparaître[a].

De plus en plus de gens tombent malades à cause du stress et meurent de maladies dues au stress (crises cardiaques, attaques cérébrales, ulcères à l'estomac, désordres gastro-intestinaux, arthrite, cancer, etc.), et cela partout dans le monde. La faculté de relâcher les tensions, de se détendre à volonté apparaît alors, surtout si on la développe dès la petite enfance, comme un atout non négligeable dans la vie. La plupart de nos sociétés négligent malheureusement ce genre de médecine préventive par la maîtrise de soi. Beaucoup de médecins sont pourtant d'accord : « Si on enseignait la relaxation à l'école, les gens pourraient se guérir eux-mêmes. »

---

[a] L'expérience a montré que les patients souffrant d'hypertension qui pratiquaient régulièrement une posture de relaxation profonde guérissaient non seulement de leur hypertension mais aussi de leurs maux de tête, nervosité, irritabilité et insomnie (K. Datey, *Angiology, Vol. 20*, 1969). De nombreuses expériences ont également montré que la méditation a le même effet calmant et revigorant que la relaxation profonde.

La conscience sensorielle et instinctive
– premier niveau psychique –

Après le corps, vient le premier niveau de l'esprit qu'est la conscience sensori-désirante. Celle-ci interagit avec le monde extérieur grâce aux sens et aux organes moteurs[a]. Quiconque s'est un jour trouvé à côté d'un petit enfant s'est certainement émerveillé de l'instinct puissant qui pousse l'enfant à une interaction et un jeu constants avec le monde : sentir des chaussures, goûter des pierres ou de la boue, toucher des fleurs ou des arbres, ramper et pousser des cris, ouvrir et fermer, tirer et pousser. Le petit enfant, nouvellement incarné dans ce corps, ne cesse d'explorer joyeusement le monde physique par ses sens et organes moteurs, et ce faisant développe rapidement sa conscience sensorielle. Maria Montessori, dont la méthode d'éducation insiste sur le développement sensori-moteur, remarqua un jour l'intense concentration dont sont capables les petits enfants lorsque leurs sens et leurs organes moteurs sont engagés dans

---

[a] Cette conscience sensori-désirante est aussi le niveau de l'instinct, conditionnée qu'elle est par les élans instinctifs de désir ou d'aversion que déclenchent en elle certains stimuli sensoriels. On agit ensuite au moyen des organes moteurs pour matérialiser ce désir ou cette aversion. Chez les animaux, la couche instinctive prédomine, et même chez l'être humain, la plupart des actions quotidiennes sont mises en action par les désirs des sens. Sans cesse tiraillé par les chevaux sauvages des sens, le « char » de l'esprit vacille d'un endroit à l'autre en quête de plaisir.

Dans sa conscience sensori-désirante où s'expriment désir et aversion instinctifs, l'être humain est semblable aux animaux, poussé par les quatre instincts primaires qui dominent toutes les créatures inférieures : la faim, le sommeil, la peur et le désir sexuel, autrement dit les instincts de conservation et de reproduction. L'une des fonctions de l'éducation est, comme nous le verrons, d'acquérir le contrôle de sa conscience sensori-désirante et de ses désirs instinctifs continuels. Pour cela la maîtrise de ses sens et de ses organes moteurs doit être bien acquise.

une activité plaisante : « Je remarquai une petite fille d'environ trois ans occupée à faire glisser des cylindres en dedans et en dehors de leurs récipients. Je fus surprise de voir un si petit enfant pratiquer cet exercice encore et encore avec tant d'intérêt. Je pris doucement la chaise sur laquelle elle était assise et la mis sur une petite table. Alors que je soulevai la chaise, elle saisit les objets avec lesquels elle était en train de jouer et les mit sur ses genoux, mais poursuivit sa tâche. Elle n'avait même pas remarqué que nous avions essayé de la déranger »[3]. Pour le petit enfant, l'activité sensori-motrice trouve sa récompense en elle-même.

La formation des circuits cérébraux

Comme le montrent de nombreuses études, cette activité sensori-motrice sans relâche n'est pas un simple « jeu d'enfant ». C'est le fondement essentiel sur lequel repose tout notre futur apprentissage intellectuel. Lorsqu'un enfant naît, son néocortex est pratiquement une carte blanche : il y a très peu de connexions entre les cellules nerveuses. La construction du réseau de connexions entre les neurones est l'une des constructions majeures du cerveau pendant les cinq premières années de la vie. Mais la création de ce réseau de connexions cérébrales ne survient qu'à la faveur d'une activité sensori-motrice dans le monde physique. Plus l'interaction de l'enfant avec le monde extérieur est grande et complète durant ces années critiques pour sa formation, plus sa connaissance interne se développe. Chaque limitation de l'expérience sensorielle se traduit par une limitation de sa capacité à connaître : un chaton que l'on a fait grandir dans une pièce vide aux murs rayés verticalement ne sait voir, une fois adulte, que les objets verticaux : il évite les pieds des chaises mais se cogne aux barreaux.

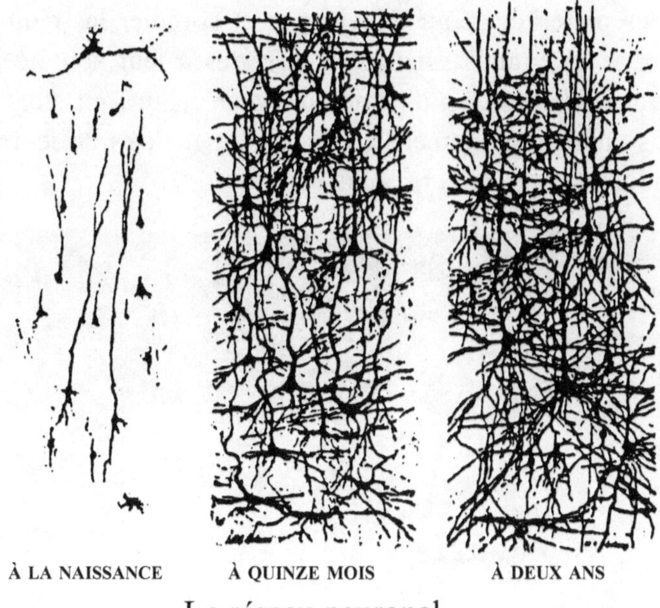

Le réseau neuronal

Le développement futur de l'intelligence reposant sur ces processus sensori-moteurs, un environnement monotone (comme on en trouve souvent dans les quartiers pauvres) peut provoquer un retard mental. La différence de quotient intellectuel (Q.I.) entre un enfant vivant dans un milieu déshérité et un enfant évoluant dans un milieu aisé peut atteindre vingt points[4]. Quatre-vingt pour cent des facultés mentales de l'enfant se développent avant six ans, de ce fait, s'il n'y a pas d'école maternelle pour favoriser la création de circuits cérébraux riches, il n'y a pas de seconde chance.

Proposer un environnement enrichi

C'est pour cela que les écoles néo-humanistes, les maternelles en particulier, offrent aux enfants la possibilité d'interactions dans toutes leurs dimensions avec le monde dans un environnement riche et vivant. Contrairement à certaines écoles qui leur font ingurgiter de plus en plus tôt un savoir abstrait et symbolique, elles fournissent aux enfants des matériaux pour développer et stimuler les cinq sens, et leur donnent les grands espaces nécessaires à leur activité motrice. En affinant leurs sens, en disciplinant et en maîtrisant leurs mouvements, les enfants apprennent à devenir les maîtres de leurs sens et organes moteurs et non leurs esclaves.

Reconnaître différentes odeurs dans des « pots à odeur »

Une stimulation précoce si intensive tend, ainsi que le montrent les expériences, à créer des génies : lors d'une étude faite à l'université du Wisconsin, après 18 mois d'enseignement spécial dans un environnement enrichi, des enfants légèrement attardés gagnèrent quarante-six points de Q.I., se retrouvant doués d'une intelligence supérieure[a] ![4]

---

[a] L'association Ananda Marga a lancé, dans le monde entier, la création, dans les zones déshéritées, d'écoles gratuites ou peu coûteuses se fondant sur les principes néohumanistes, associée à des programmes de ravitaillement de masse. L'Ánanda Márga souhaite ainsi améliorer rapidement l'éducation des enfants des milieux défavorisés, briser le cercle vicieux de la malnutrition et de la faiblesse intellectuelle qu'engendre la pauvreté, et développer le potentiel de tous les enfants du monde.

C'est pourquoi les écoles néo-humanistes du monde entier, au sein des sociétés les plus industrialisées comme au cœur des villages tribaux, fournissent aux enfants une grande variété d'objets et de stimuli sensoriels soigneusement conçus et aux couleurs vives à explorer.

Elles les laissent libres de les manipuler et de les déplacer à leur guise. Ainsi elles ne limitent pas leur capacité d'assimilation. C'est l'un des buts de l'éducation néohumaniste que de favoriser l'insatiable curiosité naturelle de l'enfant, ce feu sacré, pour que chacun se développe mentalement avec ce sentiment : « Je veux assimiler l'univers tout entier. »

L'intellect
– deuxième niveau psychique –

Notre discussion sur la conscience sensori-désirante et l'activité sensori-motrice nous a déjà conduits à la couche mentale, plus profonde : le domaine intellectuel. En effet, les interactions sensori-motrices de l'enfant avec le monde extérieur ne développent pas que la conscience sensori-désirante, elles construisent également, dans la conscience mentale, des concepts subconscients de plus en plus complexes et abstraits, tels que la graduation, la conservation, la classification, la cause et l'effet, la quantité, le temps et l'espace. Le psychologue suisse Jean Piaget a soigneusement classifié les étapes successives grâce auxquelles la réflexion pure, abstraite, surgit de l'activité concrète[a]. Les expériences intensives de Piaget avec ses propres enfants ont montré que durant l'activité sensori-motrice, le développement intellectuel a lieu en dessous du seuil de conscience de l'enfant. Il n'en est pas plus conscient que de la croissance de ses cheveux ou de ses dents. Comme Maria Montessori, Piaget souligne l'importance de l'utilisation d'objets concrets pour enseigner des concepts abstraits aux jeunes enfants, car c'est seulement par l'interaction avec le monde réel que l'enfant peut découvrir les principes abstraits et les lois qui régissent l'univers[b].

---

[a] Les stades du développement de la pensée de Piaget sont : 1) Le stade sensori-moteur (entre 0 et 2 ans) 2) Le stade préopératoire (pensée symbolique, intuitive òu prélogique) (entre 2 et 7 ans) 3) Le stade des opérations concrètes (raisonnement sur du matériel concret) (entre 7 et 12 ans) 4) Le stade des opérations formelles (le raisonnement hypothético-déductif) (12 ans - âge adulte).

[b] « Nous passons la plus grande partie de notre vie à essayer d'apprendre des modèles abstraits de logique. Depuis peu, les jeunes ne sont même pas capables de

Montessori décrit un petit enfant de quatre ans, de parents pauvres, qui avait appris, dans une de ses écoles, à reconnaître les formes géométriques en utilisant les accessoires manipulables et attirants qu'elle prône. Un jour, alors que la mère de l'enfant coupait un morceau de beurre dans la cuisine, l'enfant lui dit : « C'est un rectangle ! ». Aussitôt, la mère en coupe un morceau et lui dit : « Maintenant c'est un triangle ! ». À quoi l'enfant répond « et ce que tu as laissé, c'est un trapèze ! »[3]. La mère était ébahie. Au lieu de pleurnicher : « Donne-moi du pain et du beurre ! », l'enfant avait été fasciné par les formes. Grâce au développement de son esprit conceptuel, il transcendait facilement ses désirs sensoriels instinctifs.

Dans les écoles néo-humanistes, l'on conduit systématiquement l'esprit de l'enfant du concret à l'abstrait, en étapes soigneusement préparées. On ne se contente pas de faire lire aux enfants des maternelles les symboles abstraits de l'alphabet au tableau. On leur fait acquérir une expérience concrète des lettres en les faisant les aligner sur le plancher, en leur faisant prendre corporellement la forme des lettres, toucher des lettres dessinées sur du papier de verre, et écrire avec leurs doigts sur le dos des uns et des autres.

Ils apprennent l'orthographe en associant des lettres vivement colorées à d'intéressants objets miniatures. Ils ne mémorisent pas passivement chiffres et additions, ils accomplissent physiquement des opérations mathématiques à l'aide de perles et de coquillages, ou de « pommes » et de « poissons » miniatures. Ils apprennent les rudiments de la géométrie en dansant autour de grands cercles, carrés et rectangles multicolores.

Ils expérimentent les concepts de volume et de conservation en jouant gaiement avec de l'eau et des récipients aux couleurs vives de toutes tailles et formes. De cette façon, les enfants apprennent faci-

---

manier cette forme superficielle d'abstraction, et nous attribuons cela au fait que nous ne leur apprenons pas assez tôt à penser abstraitement. Mais c'est justement le contraire : nous n'avons pas réussi à leur fournir une expérience sensorimotrice concrète suffisante de laquelle puisse naître l'abstraction. »[12]

lement tous les concepts abstraits par l'expérience pratique de leurs sens et organes moteurs dans le monde réel.

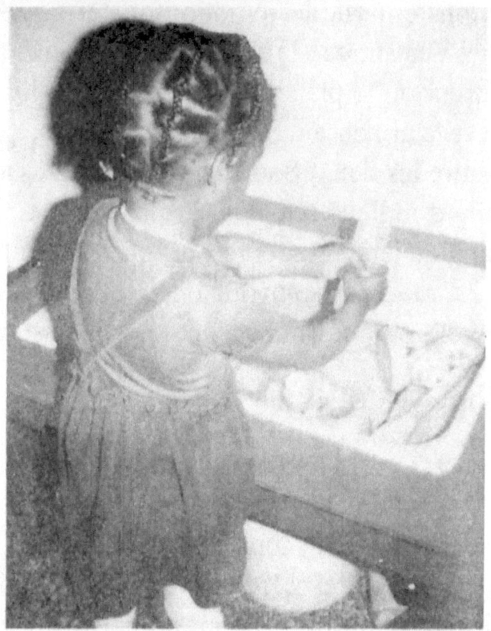

Découvrir les concepts de volume et de mesure en jouant avec de l'eau

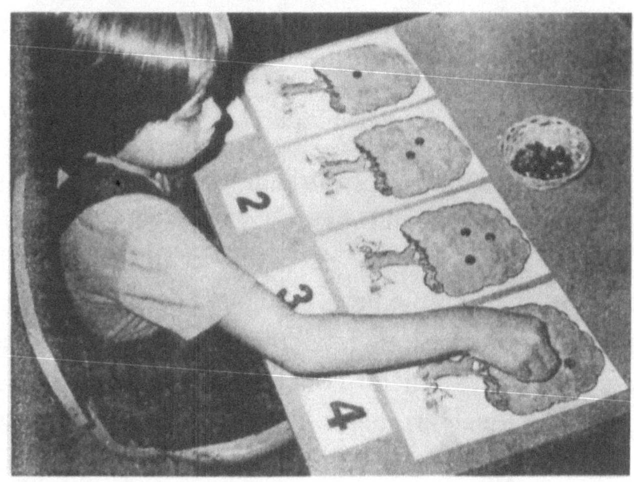

Comprendre les nombres

Apprentissage et émotion

On a longtemps cru que les émotions et les pensées étaient bien distinctes les unes des autres : la source des émotions (comme la joie, la tristesse, la fureur ou le plaisir) étant le cerveau limbique[a], et celle des pensées le cerveau pensant : le cortex rationnel ; et qu'il n'y aurait aucun lien entre les deux. Seules quelques voix isolées le contestaient. Un groupe d'indiens pueblos dit un jour à Carl Jung que les colons américains étaient fous parce qu'« ils croient qu'ils pensent avec leur cerveau, mais nous savons que les gens pensent avec leur cœur. » Nous savons aujourd'hui qu'on ne peut dissocier les deux.

La connaissance véhiculée par le sentiment

Les chercheurs sont maintenant d'accord avec les indiens pueblos : on ne peut absolument pas séparer la cognition des émotions. On a en effet découvert de nombreuses correspondances entre le système limbique et le cortex cérébral. Toute sensation que le cortex reçoit de l'environnement transite tout d'abord par le cerveau limbique qui la réémet accompagnée d'une humeur variant de l'attente souriante au désespoir le plus sombre. Chaque pensée commence par une tonalité affective au niveau limbique, puis fait des allers retours entre le système limbique et le néocortex jusqu'à finir amplifiée en une pensée ou idée dans le cortex.

La vieille dualité entre l'esprit et le cœur a finalement disparu. Ressentir c'est savoir, et toute pensée a une coloration affective au niveau cérébral. Ces prémisses de nature sentimentale à la pensée sont généralement subliminales, et dans notre culture hautement verbale, on les ignore presque totalement, sauf parmi les poètes, les artistes, etc. On est en général conscient du contenu mental de ses pensées, mais pas de leur coloration affective. Des concepts aussi

---

[a] Le cerveau paléomammifère qui se développa avant le néocortex (voir p. 89).

purement mentaux que les mathématiques sont pourtant teintés affectivement : « Nous sommes des êtres sentant avant d'être pensant. »[5]

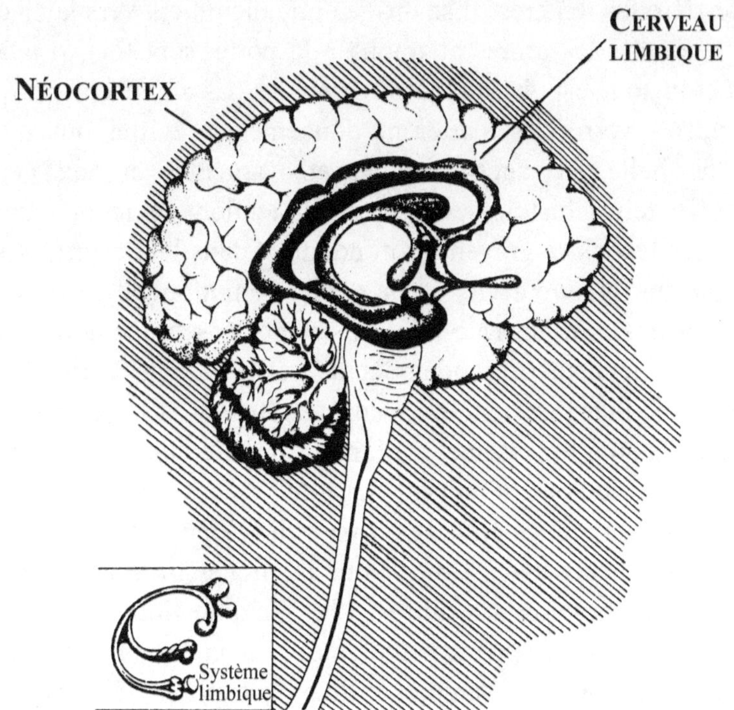

Le savoir et l'émotion sont ainsi indissociables. L'éducation ne devrait donc jamais réprimer ou ignorer les sentiments. La transmission idéale de la connaissance devrait au contraire débuter avec une nuance affective car l'émotion est véritablement la clé de la mémoire et de la création d'idées nouvelles.

C'est l'une des raisons pour lesquelles raconter des histoires, surtout aux jeunes enfants, est le meilleur moyen de les instruire. Ces histoires doivent éveiller leurs sentiments de joie ou de peur, d'espoir ou de tristesse : « ...Le petit elfe était seul, perdu dans la forêt quand la nuit tomba. Le ciel était lourd de nuages, on ne voyait pas du tout les étoiles. Tandis qu'il marchait péniblement entre les branches et les racines noueuses des arbres, des bruits effrayants provinrent de l'obscurité, deux yeux mystérieux brillèrent soudain tel l'éclair... Enfin, l'elfe aperçut une petite chaumière et la lueur rassurante de son feu derrière les fenêtres. Il se dirigea impatiemment vers la chaumière nichée entre les arbres et frappa à la porte, sept fois. Il avait presque perdu tout espoir, lorsqu'un bruit de pas se fit entendre à l'intérieur. Les verrous s'écartèrent doucement... et qui ouvrit la porte ? Une belle fée âgée aux cheveux argentés et aux yeux doux... »[6] De telles histoires captivent l'attention de leurs jeunes auditeurs. Les leçons se gravent profondément dans leur esprit, et ils se les rappellent toute leur vie, car la couleur émotionnellement vive des récits imagés joue un rôle très important dans la mémoire : les enfants se souviennent profondément de ce qui excite leurs sentiments (en particulier l'excitation joyeuse, la stupeur et la surprise) et de ce dont la beauté les fascine. « L'amour de la connaissance commence par l'émerveillement » disait Aristote[a].

Même chez de jeunes enfants on peut développer un comportement altruiste si les adultes savent leur expliquer avec émotion la souffrance et les besoins des autres. Plus l'explication donnée par l'adulte sera émotionnellement stimulante, plus la conduite de l'enfant sera altruiste, là où de simples ordres ou exposés délivrés d'un ton neutre ne semblent développer aucune conscience sociale[7].

L'atmosphère de la classe aussi doit être chaleureuse, pleine de sentiments positifs d'affection, de gentillesse et de compassion parce que pour étudier, l'« aura » émotionnelle est aussi importante que le décor matériel. Seule une atmosphère riche en émotions agréables éveille chez l'enfant l'enthousiasme et l'ardent intérêt qui permettront à son intelligence de se développer complètement et à l'ensei-

---

[a] Les recherches sur le cerveau ont confirmé que les centres de plaisir du cerveau influencent profondément le mode d'apprentissage et de mémorisation du cortex pensant. L'éveil des centres du plaisir amplifie de deux à trois fois les impulsions des neurones du cortex, facilitant ainsi grandement la consolidation de la mémoire. La motivation est ainsi un facteur essentiel dans l'apprentissage. (*Brain/Mind Bulletin*, février 1980)

gnement d'avoir toute son efficacité. Comme le disait un professeur : « Tant qu'un enfant n'est pas transporté de joie, tant que ses yeux ne brillent pas de bonheur, je n'ai pas le droit de dire que j'ai la moindre influence sur son éducation »[8].

Mémoire et suggestopédie

Avant de quitter le niveau mental pour des niveaux plus élevés de l'esprit, nous ne devons pas négliger un développement récent dans l'éducation de la mémoire, car la mémoire est une fonction importante du niveau mental.

En Bulgarie, une méthode révolutionnaire d'éducation a été mise au point : la suggestopédie[a]. Les étudiants se détendent dans un état méditatif, puis écoutent de la musique classique apaisante. On leur donne alors, sur ce fond de musique et de relaxation, des cours de langues, de mathématiques ou de science. Dans cet état de sérénité, l'esprit absorbe le savoir comme une éponge : ces élèves assimilent en quelques mois l'enseignement d'une année ! Ils sont si détendus au niveau physicopsychique par la musique et la relaxation que leur anxiété d'apprendre disparaît et que leur esprit absorbe et mémorise facilement et directement le savoir. Il semblerait que lorsque le niveau sensoriel n'interfère pas, le plan mental a une faculté de recevoir, stocker et retrouver les connaissances virtuellement illimitée. Beaucoup des programmes d'éducation néo-humanistes utilisent cette technique progressiste et agréable pour aider les élèves à développer pleinement leur potentiel mental.

La plupart des systèmes d'éducation s'arrêtent là. En mettant uniquement l'accent sur le développement de la conscience sensorielle et mentale, les écoles traditionnelles n'enseignent aux enfants

---

[a] Mise au point par le Dr Georgi Lozanov, fondateur de l'Institut de suggestion de Sofia (1966). (Voir Sheila Ostrander and Lynn Schroeder, *Superlearning*, Delacorte Press, 1979)

qu'à lire, écrire, compter, mémoriser, discuter, analyser et calculer. Mais les écoles néo-humanistes proposent une éducation qui va vers une plus haute dimension, vers les niveaux plus subtils de l'esprit surconscient.

La pensée surconsciente

La conscience supramentale
– premier niveau surconscient –

LA CRÉATIVITÉ

« Eurêka ! », traversant les âges, cette exclamation d'Archimède[a] retentit encore lorsque les artistes et les penseurs du monde entier ressentent l'acte de création tel un éclair soudain et spontané d'intuition venant d'une dimension plus haute, des niveaux plus subtils de l'esprit surconscient, au-delà de la logique et de l'analyse rationnelle. Comme Wagner, le compositeur allemand d'opéra, qui « entendait » spontanément sa musique, ou Darwin qui, après des années passées à réunir des données scientifiques, eut l'idée de sa théorie de l'évolution lors d'une promenade à cheval, ou encore Gutenberg, dont l'invention de l'imprimerie changea le cours de l'histoire. À cette époque, on écrivait les livres à la main, ils étaient donc rares et très coûteux. Gutenberg réfléchit longtemps au problème. L'on imprimait déjà des dessins grâce à des tampons en bois garnis d'encre, il avait très certainement vu le raisin qu'on pressait dans les vignes et avait l'expérience du métal et de sa fonte, versé dans les moules pour la fabrication de bijoux et, eurêka ! « Une simple substitution qui est un rayon de lumière ! » dit-il. Il utilisa la presse des vignerons, le moulage de pièces de métal pour ses caractères mobiles et l'impression par tampons des dessins, et inventa la première presse d'imprimerie ! Une invention qui rendit possible la Renaissance, notamment l'Humanisme et la Réforme, qui initia le protestantisme.

---

[a] Eurêka signifie « J'ai trouvé ! » en grec ancien. D'après la légende, le mathématicien grec Archimède eut, alors qu'il prenait un bain, un éclair de pénétration qui lui permit de formuler son principe d'utilisation du poids de l'eau déplacée pour déterminer la densité d'un solide.

L'analogie créative

L'élément commun de tous les actes créateurs est cette « simple substitution » effectuée par Gutenberg : c'est le lien entre deux idées initialement distinctes, la synthèse de deux systèmes de référence en une idée nouvelle. Ce type unique de substitution analogique, ou de résolution de problème, se produit souvent au cours des rêves[a], des états de rêverie ou de transe. L'esprit transcende alors la couche mentale rationnelle et s'élève jusqu'au premier niveau de l'esprit surconscient. Cette inspiration a lieu chez de nombreux penseurs quand la pensée rationnelle se relâche, à cause de la fatigue ou parce que toutes ses minutieuses tentatives pour trouver une solution en se concentrant sur un seul système de référence ont échoué.

---

[a] L'inventeur de la machine à coudre, Elias Howe, fut inspiré par un rêve dans lequel il se vit entouré de féroces cannibales qui dansaient et tenaient des lances ayant un trou à leur extrémité !

Lorsque les consciences sensori-désirante et intellectuelle se détendent, les subtiles intuitions surconscientes peuvent passer à la conscience. Dans cet état élevé, les systèmes de référence différents et apparemment éloignés flottent librement dans l'esprit et forment des nouveaux liens synthétiques à un niveau plus profond que la pensée analytique[a].

Tout au long des siècles, une multitude de grands penseurs, artistes et savants ont résolu des problèmes, créé des chefs-d'œuvre, fait des inventions originales ou découvert des théories scientifiques grâce aux éclairs de pénétration subtile, de substitution analogique de cette couche créatrice de l'esprit surconscient. L'éducation ne devrait donc pas négliger cette dimension de l'esprit mais au contraire la développer avec soin, car si on l'exploite correctement, on peut utiliser ses talents créateurs pour le bien de l'humanité.

Pour comprendre le fonctionnement de ce haut niveau de conscience, nous devons nous tourner maintenant vers l'étude des deux hémisphères du cerveau.

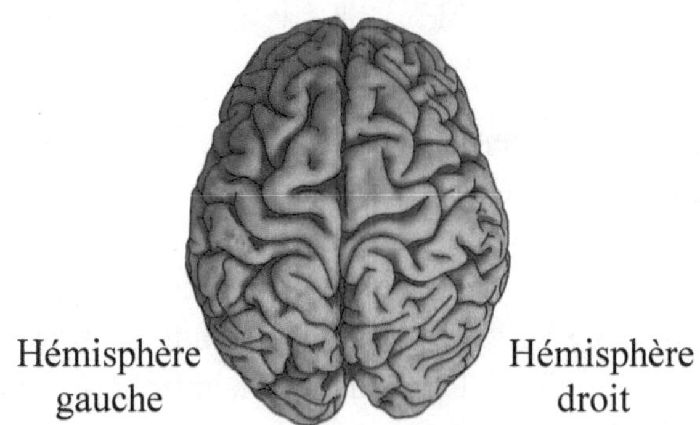

---

[a] Henri Poincaré, mathématicien et philosophe français du 19e-20e siècle, décrit ainsi une intuition soudaine qui lui avait donné la solution d'un problème difficile : « Un soir, je pris du café noir contrairement à mon habitude ; je ne pus m'endormir ; les idées surgissaient en foule ; je les sentais comme se heurter, jusqu'à ce que deux d'entre elles s'accrochassent, pour ainsi dire, pour former une combinaison stable. » Il décrit cela comme un travail de son surconscient.

L'hémisphère droit et l'hémisphère gauche du cerveau

Vu d'en haut, le cerveau humain ressemble à une noix formée de deux moitiés circonvolutées unies au centre : les hémisphères droit et gauche. Le système nerveux est relié au cerveau de façon croisée : l'hémisphère gauche contrôle le côté droit du corps et l'hémisphère droit contrôle le côté gauche[a].

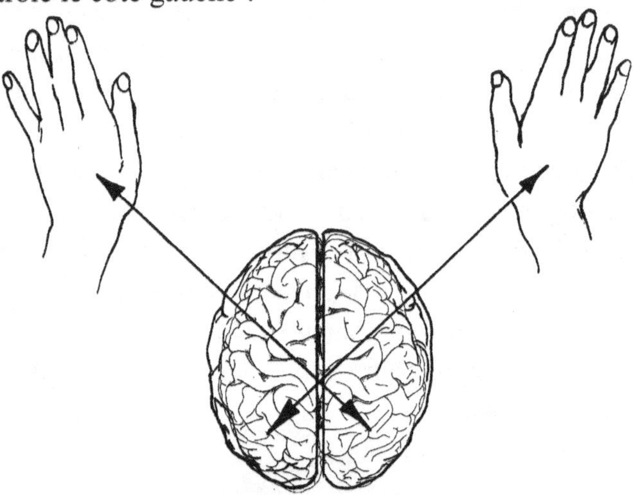

Les deux moitiés perçoivent la réalité chacune à leur façon et semblent s'ignorer. L'hémisphère gauche est le lobe rationnel ; il prend le savoir morceau par morceau, et le traite d'une manière linéaire et logique. Il analyse, compte, note le temps, planifie pas à pas des procédures, verbalise, et ses déclarations sont rationnelles, s'appuyant sur la logique. Le mode de l'hémisphère gauche est ainsi analytique, verbal, calculateur, séquentiel, linéaire et objectif[9].

---

[a] Chez les animaux, ces deux hémisphères ont des fonctions identiques mais chez l'homme, ils sont spécialisés. Les savants supposent que cette spécialisation latérale du cerveau advint il y a des centaines de milliers d'années avec le développement du langage qui nécessita le traitement séquentiel du savoir par l'hémisphère gauche. Avant cela, nos ancêtres ont dû percevoir le monde sur le mode intuitif, sans notion de temps, de l'hémisphère droit.

L'hémisphère droit, lui, ne parle pas. Il imagine au lieu de cela, et perçoit les choses comme un tout. Il rêve et danse, crée des métaphores et de nouvelles combinaisons d'idées, apprécie l'art et la musique. Il voit des tendances plutôt que des séparations, et traite le savoir d'une façon intuitive et spatiale. Ses éclairs de pénétration quand tout semble se mettre en place sans l'analyse logique du cerveau gauche nous poussent à nous exclamer « J'ai trouvé ! » ou, comme Archimède, « Eurêka ! » C'est le mode de l'hémisphère droit : intuitif, subjectif, relationnel, imaginatif, global et intemporel[a, 9].

L'hémisphère gauche	L'hémisphère droit
verbal	non verbal, spatial
analytique	synthétique
rationnel	intuitif
logique	créatif, imaginatif
traite les connaissances séquentiellement, linéairement	traite les connaissances simultanément, comme un tout
axé sur le temps	intemporel
tourné vers la science et les mathématiques	tourné vers la musique, l'art et la danse

Les deux lobes perçoivent par les mêmes organes sensoriels, ils vivent dans le même corps, mais le cerveau gauche parle, rationalise et raisonne, tandis que le cerveau droit va son chemin silencieuse-

---

[a] Les yogis connaissent depuis longtemps la polarité gauche et droite du cerveau et du corps, dont un côté est favorable à une prise de conscience supérieure et l'autre aux occupations de ce monde *(para et apara)*. Ils ont développé une science subtile de maîtrise du souffle *(práñáyáma)* pour diriger cette polarité en régissant le flot de la respiration par les narines droite et gauche.

ment absorbé dans son propre monde mental, contemplatif à sa manière non verbale[a].

Des expériences effectuées avec des patients au cerveau divisé, dont les liens entrecroisés entre les deux hémisphères avaient été chirurgicalement coupés[b], isolant ainsi complètement chaque hémisphère de l'autre, illustrent clairement que chaque hémisphère perçoit une réalité différente. Lors d'un test, on a projeté deux images différentes sur un écran aménagé de sorte que chaque hémisphère reçoive une image différente. L'image d'une cuillère, projetée sur le côté gauche de l'écran, parvenait au cerveau droit du patient, et l'image d'un couteau, projetée sur le côté droit de l'écran, parvenait au cerveau gauche, verbal. Quand on questionna le sujet, celui-ci donna différentes réponses : quand on lui demanda de nommer ce qu'on avait projeté à l'écran, l'hémisphère gauche (verbal), confiant, le poussa à dire « couteau ». Par contre, quand on lui demanda de mettre sa main gauche (hémisphère droit) derrière un rideau et de saisir ce qui avait été projeté, il prit une cuillère dans un groupe d'objets. On lui demanda alors d'identifier ce qu'il tenait en main derrière le rideau. Le patient sembla confus un moment puis il dit (avec son hémisphère gauche) « un couteau ».

L'hémisphère droit, sachant que la réponse était fausse mais ne trouvant pas les mots pour corriger l'hémisphère gauche (verbal), continua le dialogue en poussant le patient à hocher la tête en silence. À cela, l'hémisphère gauche verbal s'étonna tout haut : « Pourquoi suis-je en train de hocher la tête ? »[9]

---

[a] De nombreux artistes expérimentent consciemment un état altéré de conscience, un passage au cerveau droit quand ils sont absorbés dans un processus de création. Ils se sentent transportés hors d'eux-mêmes, en fusion totale avec leur travail. Leur conscience du temps qui passe s'évanouit, et les mots disparaissent de la conscience : ils ont souvent de réelles difficultés à parler ou à comprendre ce qu'on leur dit. Ils sont éveillés et conscients, et pourtant totalement détendus et sans anxiété. Ils voient toute chose d'une perception neuve, comme si c'était la première fois.

[b] On a coupé ces connexions à des patients gravement épileptiques de façon à réduire la gravité de leurs attaques, et on a obtenu des résultats positifs.

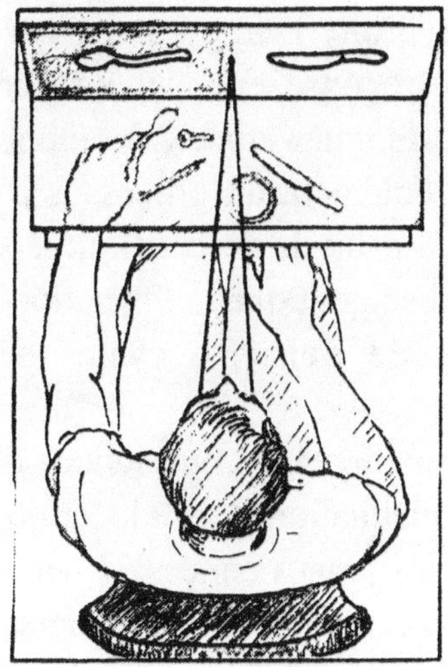

Le résultat de ces extraordinaires découvertes des années soixante-dix est que nous savons maintenant que malgré notre sensation habituelle d'être une personne, un seul être, notre cerveau est double, et chaque moitié possède sa façon bien à elle de connaître et de percevoir la réalité extérieure.

Les deux hémisphères agissent parfois en coopération l'un avec l'autre, mais le plus souvent l'un domine et l'autre se contente de paresser. La culture occidentale a tellement mis l'hémisphère gauche en valeur et inhibé le droit, que l'on a généralement laissé de côté, dédaigné et négligé ce dernier. La plupart des systèmes éducatifs occidentaux se consacrent presque totalement au développement de l'hémisphère gauche rationnel, et ignore virtuellement toute une moitié du cerveau des élèves. Dans l'éducation traditionnelle, les principaux sujets enseignés (la lecture, l'écriture et l'arithmétique) sont verbaux et numériques (le domaine du cerveau gauche) tandis qu'on laisse le cerveau droit (le rêveur, l'artiste, le créateur intuitif) presque complètement en friche. Il est si rare de trouver des leçons d'imagination, de créativité et d'intuition, que le potentiel de la moitié de la psyché de nos enfants est complètement gaspillé. De plus, la peur d'avoir tort inhibe constamment dans nos écoles les processus créateurs du cerveau droit. L'importance qu'accordent les enseignants à la « bonne » réponse est si meurtrière pour l'imagination que les penseurs créatifs non verbaux développent souvent un complexe d'infériorité, et entament un processus d'échec qui peut durer toute la vie. Comme l'a dit le scientifique Jerre Levy, plaisantant seulement à demi : « Il se peut que la formation scientifique universitaire de deuxième et de troisième cycles détruise complètement l'hémisphère droit ».

« Nous prenons maintenant conscience, dit un chercheur, des conséquences de l'inadéquation de l'éducation des facultés analytiques et verbales dans les jeunes années : l'hémisphère gauche verbal ne semble jamais s'en remettre complètement, et ces conséquences peuvent handicaper les élèves à vie. Qu'arrive-t-il, alors, à l'hémisphère droit, qui est presque totalement ignoré ? »[9]

Une enquête récente de l'université de Californie fournit une réponse déprimante à cette question. La conclusion unanime des professeurs fut qu'aujourd'hui, les étudiants manquent d'imagination et de liberté de pensée. « Ils croient qu'il n'existe qu'une seule bonne réponse à chaque question et espèrent qu'on va la leur donner. Leurs pensées vont par des chemins bien rôdés. Ils n'ont aucune créativité. Ils sont ennuyeux et conformistes. Avec l'endoctrinement de notre système éducatif, nous avons transformé des enfants amusants et inventifs en étudiants idiots »[10].

L'intégration des deux hémisphères

C'est ainsi que les éducateurs et les savants qui réclament une éducation qui englobe le tout de la personne, c'est-à-dire qui développe les deux hémisphères du cerveau, sont aujourd'hui de plus en plus nombreux[a]. C'est en effet l'intégration des deux moitiés du

---

[a] « Ces deux façons de penser – celle du temps et de l'histoire, et celle de l'éternité et de l'infini – font toutes deux partie des efforts de l'humanité pour comprendre le

cerveau, autrement dit le fonctionnement complémentaire de l'intellect et de l'intuition, qui sous-tend les plus grands accomplissements de l'humanité. Une prise de conscience ne peut cependant profiter à l'humanité qu'une fois que le cerveau gauche du créateur a réussi à manifester les renseignements issus de ces éclairs d'inspiration du cerveau droit, que ce soit sur une toile, une partition de musique ou dans une série de formules. C'est une fois que le cerveau gauche a réussi à analyser la découverte et à en verbaliser les résultats, bref, que l'intellect a organisé ce qu'a compris l'intuition, que cela devient utile aux autres. Les plus grandes découvertes scientifiques et œuvres d'art sont toutefois nées du jaillissement d'intuitions et d'imaginations provenant du monde subtil surconscient, monde qui se situe au-delà de la verbalisation, de la logique et de la rationalité de la conscience mentale.

Il faudrait donc que ce soit la pensée globale, travaillant non de la partie au tout, comme la pensée analytique, mais appréhendant directement l'ensemble de la situation, qui oriente la pensée rationnelle, pour le plus grand bien du développement individuel comme celui de la société. L'on devrait enseigner très tôt à l'école à penser avec tout son cerveau. Les enseignants doivent dès maintenant « reconnaître la responsabilité qu'ils ont de s'occuper non seulement de l'analytique pur, mais aussi du métaphorique et de l'analogie, du métaphysique, de l'esthétique et du créatif, du spirituel et de l'inspiration »[9].

Nous avons vu que l'éducation néohumaniste s'appuie sur une compréhension globale de la personnalité humaine et un développement complet de tous les aspects et niveaux de la conscience humaine. Les écoles néo-humanistes permettent ainsi, dès la maternelle, une interaction harmonieuse entre les deux types de conscience [droite/gauche] et un équilibre entre l'étude intellectuelle et créative.

---

monde dans lequel elle vit. Aucune n'est entière sans l'autre, elles se complètent, aucune ne raconte toute l'histoire. » (Robert Oppenheimer, physicien)[9]

Chaque leçon du programme scolaire est associée à une activité artistique et on attache autant d'importance à la peinture, la sculpture, le dessin, la musique, la danse, le mime et l'art dramatique qu'à la lecture et l'écriture. Mais, en plus de cette importance accordée à l'art et à la musique, le programme d'étude néohumaniste inclut aussi un enseignement systématique pour développer l'imagination créatrice du cerveau droit : une véritable éducation de l'imagination, à base de jeux, d'images dirigées et d'un travail créatif de substitution analogique.

L'imagination

Si on veut se représenter l'esprit d'un enfant, il faut imaginer une tendre rose où glissent des gouttes de rosée car le petit enfant vit dans un délicat monde imaginaire semblable au rêve. Avant sept ans, le pont de fibres nerveuses qui relie les deux hémisphères[a] n'est pas encore complètement formé, et le cerveau gauche n'est pas totalement spécialisé. Au lieu de penser logiquement et rationnellement, les petits enfants pensent donc naturellement avec le mode du cerveau droit : en images et délicieuses imaginations. S'ils écoutent un professeur leur raconter l'histoire d'une goutte d'eau, ils imagineront les vagues argentées du brouillard matinal, de sombres nuages, des coups de tonnerre et les ondées du printemps. Un enfant de six ans demandait à sa mère : « Pourquoi la pluie monte-t-elle dans le ciel ? » Et tandis que la mère, beaucoup plus habituée à penser que la pluie tombait, cherchait une réponse rationnelle simple, l'enfant répondit tout seul : « Je sais ! C'est parce que les anges veulent boire ! »[11]

---

[a] Le corps calleux, voir p. 97.

Les adultes, parents ou enseignants, qui ont affaire aux petits enfants, doivent découvrir le merveilleux et ouvrir la source souvent tarie de créativité de leur propre esprit. Il leur faut comprendre que les petits enfants existent encore sur des plans de conscience plus élevés, avant que « les ombres de la prison » comme les appelait le poète Blake, ne se soient refermées sur eux. Ils ne doivent pas les priver des joies de leur vie intime en leur fourrant en tête trop tôt un savoir pratique et logique. Ils doivent, au contraire, imprégner de contes de fées et de merveilleux, de jeux et de musique l'atmosphère dans laquelle vit l'enfant. Sans cela, l'enfant sera comme une fleur desséchée. Si l'on contraint les enfants à absorber trop tôt, ou excessivement, un savoir intellectuel et abstrait (autrement dit à utiliser prématurément ou exagérément le cerveau gauche), ils se fatiguent vite : leurs yeux deviennent mornes, leur expression confuse et leurs mouvements apathiques.

De nombreuses enquêtes ont montré que priver les enfants de contes de fées les perturbait émotionnellement, car tout comme les rêves[a], les contes de fées les aident à se libérer de leurs conflits inconscients et à assurer la continuité entre les niveaux plus subtils de leur esprit et la réalité quotidienne. Le docteur Frances Wicks parle d'un enfant de neuf ans qu'on lui avait amené et qui était si perturbé, craintif et désorienté qu'il ne pouvait plus aller à l'école. Ses parents, des gens instruits, avaient toujours répondu soigneusement et logiquement à toutes ses questions et n'avaient jamais admis l'imaginaire à la maison. L'enfant avait été extrêmement précoce à la maternelle, mais vers sept ans, il se sentit à l'écart. Il devint maigre et frêle, et se mit à éprouver une terreur incommensurable la nuit. C'était un cas typique d'[anxiété] enfantine. Le docteur Wicks ordonna aux parents de lire à l'enfant tous les jours, exclusivement, des contes de fées et des récits imaginaires, des récits peuplés d'animaux qui parlent et de châteaux dans les nuages, de nains, d'anges et de magiciens, afin animer tous les coins et recoins de sa vie avec des êtres imaginaires. L'enfant guérit en quelques mois, et retourna à l'école heureux et en excellente santé. Son développement mental avait cessé à cinq ans parce que l'ingrédient vital qu'est l'imagination était absent de sa vie[12].

Les enseignants doivent apprendre à réactiver leur propre cerveau droit et à devenir maîtres dans l'art de raconter des histoires. Il leur faut pour cela créer des royaumes imaginaires et éternels de créatures mythiques, comprenant des symboles archétypaux et des images vivantes qui résonnent avec les niveaux de conscience plus subtils des enfants. Les enseignants doivent par leur propre créativité

---

[a] L'étude des rêves a permis de montrer que si l'on empêche quelqu'un de rêver (mais sans le priver du sommeil sans rêve), cela le perturbe émotionnellement et le rend incapable d'affronter la réalité. [Ce serait] parce qu'il ne peut pas résoudre en rêve les conflits inconscients et les problèmes qui l'assaillent mentalement.

et poésie accéder au royaume magique dans lequel vit tout enfant : ils doivent redevenir des enfants. Comme le dit Vasily Sukhomlinsky, le grand éducateur soviétique qui pouvait, par l'alchimie de son imagination poétique, transformer l'événement le plus banal comme le chant d'un oiseau en un vol dans de hauts royaumes d'imagination et de beauté :

« Le premier jour ensoleillé d'avril, alors que les anciens tumulus tremblotaient dans la brume, nous allâmes dans la steppe écouter le chant de l'alouette. Là, tremblant dans l'azur, il y avait un petit souffle de vie gris. Le son délicat d'une cloche d'argent parvint à nos oreilles, et soudain la cloche s'arrêta. Le souffle gris tomba jusqu'au sol. Le petit oiseau déploya ses ailes au dessus des tendres épis de blé d'hiver, et lentement, comme tiré par un fil invisible, monta de plus en plus haut. Nous n'entendîmes plus alors le tintement de la petite cloche mais la réverbération d'une corde d'argent... Je voulais que cette musique merveilleuse émeuve le cœur des enfants et leur ouvre les yeux à la beauté du monde qui les entoure. C'est pourquoi je leur racontai un conte sur l'alouette :

« L'alouette est une enfant du soleil. L'hiver, le soleil s'en va loin, très loin de nous. La terre se recouvre de neige et de glace. Quand lentement le soleil revient vers nous, il lui est difficile de faire fondre la neige. C'est pour ça qu'il jette des étincelles chaudes sur les amoncellements de neige. Les endroits où tombent les étincelles se dégèlent et s'animent, et de là naît un oiseau merveilleux : l'alouette.

Elle monte dans le ciel bleu et vole à la rencontre du soleil. Elle prend son essor et chante tandis que le soleil diffuse ses lueurs d'argent. L'alouette vole dans l'azur en regardant la terre, cherchant la plus brillante des étincelles. Lorsqu'elle en voit une, elle se laisse tomber sur la terre comme une pierre et l'attrape. L'étincelle se transforme alors instantanément en une fine ficelle d'argent.

L'alouette place un bout de la ficelle sur la terre, en l'attachant à un épi de blé, et emporte l'autre bout tout là-haut dans le ciel bleu, jusqu'au soleil. Voyez comme l'oiseau a du mal à s'élever, voyez comme ses ailes grises battent ! Elle joue de la ficelle argentée comme de la corde d'une lyre, et plus l'alouette vole haut, plus la musique qu'elle tire de la ficelle est belle. L'alouette étire la ficelle jusqu'au soleil puis retourne vers la terre à la recherche d'une autre étincelle... »

Les enfants étaient ravis de l'idée qu'ils se firent de l'oiseau et qu'elle prenne forme dans des images féeriques ! Ils firent des dessins féériques de l'alouette, des étincelles d'argent et de la ficelle s'étirant de la terre au soleil...[8] »

Aux enfants, on devrait tout enseigner, la morale, la science, la lecture, et même les mathématiques à l'aide d'images. Les enfants ne comprennent une idée que lorsqu'elle prend la forme d'images claires, et plus l'image est vive, plus leur compréhension est grande. En effet, la pensée de l'enfant est, ainsi que nous l'avons vu, picturale à ce stade précoce. Même les symboles abstraits de l'alphabet prennent vie dans l'imagination des enfants si on leur en donne une signification illustrée ou si l'on invente une histoire autour d'eux : on enseigne la lettre « M » en racontant l'histoire d'un joyeux petit nain qui s'en va ramasser des myrtilles dans les montagnes, et qui laisse comme message à ses amis des montagnes dessinées sur le sable pour leur indiquer où il va.

Un jour qu'il est pressé, il écrit simplement Ʌ⋀, et les autres nains comprirent que ce « M » voulait dire montagne.

De nombreuses études montrent que les enfants apprennent beaucoup plus vite si l'on n'isole pas le sujet de son contexte et qu'on le dote d'une signification. C'est particulièrement vrai s'il y a constitution d'une histoire, car la cohésion d'un récit est la forme de base de la cohérence intellectuelle[13].

Dans les premières années d'école, le développement de la pensée scientifique et l'observation de la nature s'appuient sur l'imagination picturale. Tout l'art du professeur devrait consister à apprendre à utiliser les histoires de façon créative afin de conduire les enfants à une exploration joyeuse du monde qui les entoure, à faire pousser les merveilleuses fleurs de l'imagination créatrice sur le sol même le plus aride. « Si vous voulez qu'un enfant remarque les différents types de nuages et leurs formes, vous pouvez l'emmener dehors par tous les temps, lui montrer les différents nuages et lui dire leurs noms. Ce sera excellent s'il a onze ou douze ans. Mais s'il est plus jeune, vous feriez mieux de lui raconter un conte où un prince doit faire un voyage très important, mais ne peut partir que le jour où un nuage brillant de la forme d'un château blanc apparaît à l'aube dans le ciel. Il lui faudra attendre neuf jours, regarder des nuages de toutes formes et de toutes les couleurs, voir comment ils se rassemblent et se dispersent, avant que le nuage en forme de château blanc n'apparaisse. Une telle histoire apportera à l'enfant une qualité d'observation dans ses futures contemplations de nuages qu'il n'obtiendrait pas d'une simple instruction. »[11]

Stimulés dans leur pensée créatrice par les histoires des instituteurs, les enfants vont peu à peu s'exprimer par des images et des métaphores et se mettre à eux-mêmes inventer des histoires. Une fois passés par l'école primaire et secondaire, ils seront experts en histoires de groupe, ils sauront créer des histoires ensemble. Ils pourront ensuite écrire leurs propres livres de contes et les lire à voix haute aux élèves plus jeunes, ou même aux enfants des foyers ou aux personnes âgées des maisons de retraite. Il y a longtemps déjà, Platon suggérait que les futurs citoyens de sa cité idéale commencent leur éducation par le récit de mythes, plutôt qu'apprendre des faits ou un savoir rationnel[15].

Il semble que raconter des histoires non seulement développe la créativité, mais construise aussi le caractère. D'après une étude récente, les enfants très imaginatifs ont un comportement moins agressif : « Durant le jeu, l'enfant peu imaginatif était plus orienté vers l'extérieur, se montrait plus actif et moins réfléchi. Par comparaison, l'enfant plus imaginatif était beaucoup plus structuré et créatif »[14].

Que les contes merveilleux sont véritablement les blocs constructeurs de la personnalité et l'un des meilleurs moyens d'enrichir la vie intérieure des enfants – « le lait de l'âme » – s'avère dans l'enfance de ce génie que fut Goethe dont la mère était une grande conteuse d'histoires. « Je lui présentais l'Air, le Feu, l'Eau et la Terre, raconte-t-elle, comme de belles princesses, et tout dans la nature prenait une signification plus profonde. Nous inventâmes des routes entre les étoiles, et que de grands esprits nous avons rencontré ! Il me dévorait des yeux. Si le sort d'une de ses favorites ne le satisfaisait pas, je pouvais le voir à l'expression de colère sur son visage ou aux efforts qu'il faisait pour ne pas fondre en larmes. De temps en temps il intervenait en disant : Mère, la princesse n'épousera pas le pauvre tailleur, même s'il tue le géant ! » Je m'arrêtais alors et ajournais la catastrophe au lendemain soir. Son imagination remplaçait ainsi souvent la mienne. Le lendemain, lorsque je racontais l'histoire en suivant ses suggestions et disais : « Tu avais deviné, c'est comme cela que ça s'est passé ! » il était tout excité et je pouvais voir battre son cœur »[15].

Malheureusement, contrairement à la mère de Goethe, beaucoup de parents et d'enseignants modernes ont été eux-mêmes privés de l'intense plaisir d'écouter des histoires étant enfants : ils doivent apprendre à faire aux enfants « l'offrande d'amour d'un conte de fées ».

Enfant au front pur et dégagé,
Aux yeux émerveillés de rêves
Alors que le temps file, nous séparant
* toi et moi d'une demi-vie,*
Certainement ton sourire aimant saluera
Mon offrande d'amour d'un conte de fées !

Lewis Carroll (De l'autre côté du miroir)

Les jeux d'imagination

Il ne suffit pas pour développer l'imagination et stimuler les capacités créatrices d'écouter des histoires, il faut aussi les « jouer », les mettre en actes. Pour l'enfant, le jeu d'imagination est comme une immense fenêtre ensoleillée sur le monde. Un flot vivifiant d'idées et de compréhension du monde environnant pénètre par là en lui, et il peut répandre dans le monde extérieur son imagination créatrice. Nous avons vu qu'une pensée créatrice procédait par association et par l'utilisation des rapports cachés entre les choses : les jeux d'imagination apprennent aux enfants à développer ce talent de substitution analogique. Une boîte d'allumettes sans couvercle devient un bateau, un bâton fourchu un homme, chaque objet peut-être transformé en quelque chose d'autre, et l'enfant lui-même devient à volonté un tigre, un oiseau ou un poisson[a]. L'imagination de l'enfant doit combler les vides créés par les différences entre l'objet réel et celui imaginé, et créer la réalité nécessaire au jeu. Cette constante recherche de similarités entre des objets différents, et cette création d'associations développe les subtiles analogies imaginatives des hauts niveaux du psychisme et les capacités synthétiques du cerveau droit.

---

[a] Il arrive souvent que les jeunes enfants se créent un compagnon de jeu imaginaire et vivent, jouent, mangent et dorment avec ce personnage que leur imagination a créé.

De récentes recherches ont confirmé que le jeu d'imagination a un effet à long terme sur la capacité d'apprendre de l'enfant. Les enfants qui participaient fréquemment à des jeux d'imagination à thème – la mise en scène de contes de fées – avaient un développement supérieur non seulement intellectuellement mais également émotionnellement. Ils totalisaient dix points de plus que les enfants ordinaires dans les tests de Q.I. [quotient intellectuel] et leurs résultats étaient également plus élevés que ceux des enfants qui se contentaient d'écouter des contes de fées. Leur capacité d'empathie était plus grande, et ils étaient davantage capables de maîtriser leurs impulsions et de supporter un retard de récompense. Il s'avéra que c'étaient les enfants à qui l'on avait demandé d'imaginer des événements aussi éloignés que possible de leur expérience passée qui en avaient retiré les plus grands bénéfices cognitifs[16].

Dans les premières années de la vie de l'enfant, de puissantes forces instinctives le poussent vers deux activités absorbantes : acquérir une connaissance sensorielle et mentale structurée du monde tel qu'il est, en l'explorant par ses sens et ses organes moteurs, et imaginer et jouer avec le monde tel qu'il n'est pas à l'aide de l'imagination créatrice des niveaux psychiques plus élevés, deux activités parallèles qui développent les deux moitiés du cerveau de l'enfant.

Si vous visitez les écoles néo-humanistes de par le monde, vous les trouverez pleines d'accoutrements de théâtre colorés, de costumes et de couronnes, de masques et de coiffes, ainsi que de dragons crachant le feu, de fées et d'elfes barbus en flanelle colorée à accrocher sur un tableau de flanelle, et aussi de toutes sortes de marionnettes –à fils, à doigts ou à main, ou encore « en sac à papier » (à enfiler) – toutes prêtes à danser derrière des théâtres de bois décorés de fleurs. Mais ce qui d'habitude fascine le plus les enfants est le « cercle magique » : une scène de bois ou de tissu en forme de cercle sur laquelle les enfants mettent en scène leur imagination et « jouent » des histoires. Ici, une brindille feuillue plantée dans un morceau d'argile devient un arbre et un saladier d'eau un lac profond ; une perle devient une goutte de pluie et un morceau de papier de verre une vaste plage. Des pommes de pin, des pierres brillantes, des coquillages, des étoiles de mer et des oiseaux en papier plié y vivent une vie qui leur est propre. Quand vous voyez un groupe d'enfants tout excités faire voler une minuscule pince à linge-poupée (l'héroïne de l'histoire) sur le dos d'un papillon géant multicolore à travers des nuages de coton vers le sommet d'une montagne magique (une simple couverture brune mise en boule) vous pouvez entrevoir un instant ce qu'est la joie dans un cœur d'enfant.

Les images dirigées

« ...Fermez les yeux et respirez lentement et profondément. Détendez tout votre corps. Vous vous sentez mou comme une poupée de chiffon, très très calme et tranquille. Nous allons faire un merveilleux voyage ensemble. Voulez-vous venir avec moi ?... Imaginez : vous êtes une brillante et toute petite goutte de pluie dans un blanc nuage floconneux, là-haut, tout là-haut dans le ciel. Le soleil vous fait luire, vous miroitez de reflets argentés. Vous vous mettez à flotter tout doucement dans les airs... Vous descendez..., que voyez-vous ?... Sentez-vous chuter vers la terre jusqu'à ce que vous tombiez – plouf ! – dans un ruisseau clapotant. Sentez-vous dériver avec le courant, éclaboussant les pierres et bondissant par-dessus de gros rochers sur votre chemin... Vous voilà maintenant un instant dans un petit plan d'eau tranquille dans la forêt, les animaux sortent du bois pour se désaltérer de vous... Quels animaux voyez-vous venir boire ?... Vous avez maintenant atteint une large plaine et vous êtes devenu une grande rivière, large, qui s'écoule lentement... sentez les bateaux qui flottent sur vous, les gens qui lavent leurs vêtements en vous et qui nagent en vous...

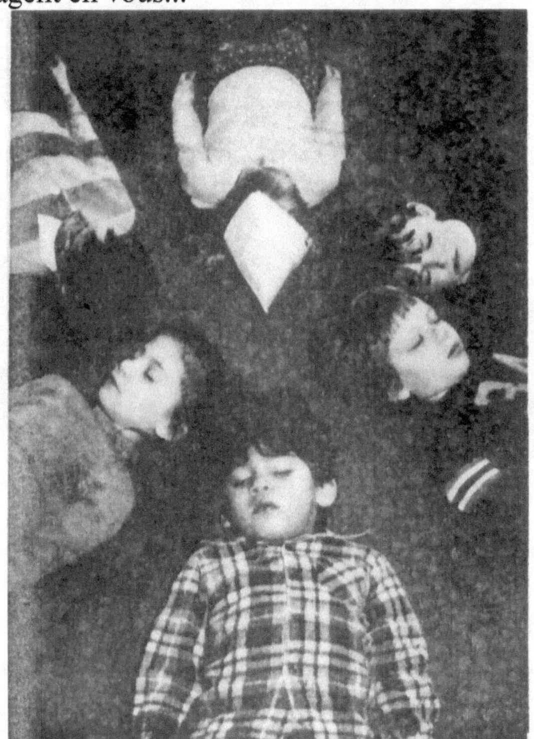

Soudain, vous voyez la mer, brillante, s'étendant devant vous, et vous pouvez goûter ses vagues salées qui viennent vous souhaiter la bienvenue. Vous voilà maintenant flottant dans la grande mer bleue...

sentez-vous monter et descendre dans une vague de l'océan, et vous fondre dans cette belle eau bleue infinie... Vous, la petite goutte de pluie, êtes maintenant devenu la vaste et grande mer. Écoutez calmement, entendez le son de la mer chanter en vous... »

Même avec de très jeunes enfants on peut utiliser de telles images dirigées, profondes et intérieures, ouvrant par là les portes de leur imagination et libérant les énergies créatrices des couches plus subtiles de leur esprit. De nombreuses études ont montré le pouvoir de la visualisation, non seulement dans le développement de l'imagination mais aussi dans celui de nombreuses autres facultés, y compris la résolution de problèmes et même l'habileté motrice[17]. Une célèbre expérience australienne prouva que visualiser mentalement une activité motrice pouvait être aussi bénéfique que la pratiquer réellement. Une équipe de joueurs de basket fit des lancers de ballon quotidiens, tandis que dans la même période une autre équipe faisait ces mêmes lancers mais mentalement. Vingt jours après, l'équipe qui n'avait joué que dans sa tête avait fait autant de progrès que celle qui avait transpiré tous les jours sur le terrain de basket ![18]

On a découvert que les enfants ayant des facilités pour visualiser sont plus attentifs et moins déconcertés par les événements inattendus. On a prouvé également que la faculté de visualiser augmente les résultats scolaires. Cinq minutes d'images guidées quotidiennes réduisent les attitudes perturbatrices des enfants et élèvent leur niveau, car ils apprennent par la visualisation à concentrer et à focaliser leur force profonde[19].

Bien que les parents et les professeurs qui découragent l'imagination soient nombreux (« Si tu inventes une autre histoire comme ça, je le dis à ton père ! » « Ne reste pas là à rêvasser, mange ! »), la faculté de visualiser est une capacité précieuse du cerveau, que l'on doit développer, ce que l'on fait dans toutes les écoles néohumanistes. Même un génie comme Einstein, qui était, dans son enfance, faible dans les matières qui relèvent du cerveau gauche comme les mathématiques, a développé ses théories à partir de procédés de visualisation comme « chevaucher le bout d'un faisceau de lumière ». En réponse à une question sur ses méthodes de travail, Einstein écrivit : « Les mots, ou le langage, semblent ne jouer aucun rôle dans le mécanisme de mes pensées. Les entités psychiques qui servent d'éléments de ma pensée sont certains signes et images claires que je peux volontairement reproduire ou combiner »[20].

Développer la créativité par la pensée analogique

S'il est vrai que l'établissement de relations est l'essence de la créativité, il faudrait alors enseigner la pensée analogique[a] à l'école, au même titre que l'algèbre et la grammaire. Nous devrions bien sûr apprendre à nos enfants à faire des catégories et à percevoir les différences entre les choses, mais aussi à percevoir les relations qui existent entre elles : à penser synthétiquement aussi bien qu'analytiquement. « Penser de façon analogique est naturel... lorsque l'expérience ou la connaissance présente des lacunes, la pensée ne se repose pas, elle cherche une alternative... Notre culture commence aujourd'hui à enfin comprendre l'importance de la substitution analogique d'une pensée créatrice »[21].

On peut développer, par l'enseignement, la capacité à se concentrer sur les similitudes et à écarter les différences, à tisser ensemble diverses idées et à penser avec plusieurs systèmes de référence en même temps, comme un jeu plein de gaieté, ainsi que le fit souvent Sukhomlinsky avec ses enfants :

« ...Nos heures de « voyages » où nous nous intéressions aux nuages produisaient une impression inoubliable sur les enfants. Les blancs et floconneux nuages étaient pour eux une source de surprenantes découvertes. Ils voyaient dans leurs formes fantasques et toujours changeantes des animaux ou des géants de contes de fées. La

---

[a] *(Metaphoric thinking).* Appelée quelquefois pensée « latérale » ou « divergente » parce qu'elle cherche une solution en considérant le problème de côté, d'un angle nouveau, plutôt que directement.

vive imagination des enfants s'envolait facilement vers le monde derrière les nuages, vers la mer bleue et la forêt, vers les pays lointains. Dans cette envolée, leurs esprits étaient grand ouverts.

– Regardez, un nuage bizarre flotte dans le ciel. Que voyez-vous en lui, les enfants ?

– Un vieux berger avec un chapeau de paille qui s'appuie sur une canne, dit Varya, regarde, à côté de lui il y a un troupeau de moutons. Il y a un gros bélier avec des cornes rondes devant, et les brebis sont derrière lui... il a un sac avec quelque chose qui dépasse.

– Ce n'est pas un vieux monsieur, riposte Pavlo, c'est un bonhomme de neige comme ceux qu'on fait l'hiver. Regarde, il a un balai à la main, et sur sa tête ce n'est pas un chapeau de paille mais un seau.

– Non, ce n'est pas non plus un bonhomme de neige, c'est une meule de foin ! dit Yura. Il y a deux bergers avec des fourches à côté. Regardez, ils jettent le foin dans une charrette. Ce n'est pas un bélier, c'est une charrette. C'est un arc, pas des petites cornes...

– C'est un lapin énorme, énorme ! J'en ai vu un pareil en rêve. Je ne vois pas du tout de charrette, c'est la queue du lapin ![8] »

Des collines grises au crépuscule, des amas de neige au soleil, des arbres sur les pentes d'un ravin, tout cela peut devenir des matériaux permettant aux enfants d'apprendre à faire des associations d'idées de façon créative, en les stimulant simplement par cette question : « À quoi cela ressemble-t-il, les enfants ? »

Ou un autre jeu divertissant :

« Les enfants ! Regardez cette graine et cet œuf. En quoi la croissance de la graine ressemble-t-elle à celle de l'œuf ? demande l'instituteur.

– Tous les deux sont silencieux et calmes, répond José, cela les rend heureux.

– Connais-tu quelque chose de semblable, José ? demande l'instituteur.

– Le nouveau mur à côté de chez moi. Ils venaient de le peindre, il était joli et propre, et avait l'air tout tranquille. Puis des grands l'ont couvert de graffiti ! répond José.

– Et toi, qu'en penses-tu, Tony ?

– Tous les deux sont tout d'abord petits puis ils grandissent. On est surpris, répond Tony.

– Tu peux imaginer quelque chose d'autre qui fonctionne comme cela ?

– Mon père, répond Tony.

– Comment cela ?

– Quand il est énervé, il commence par être un peu énervé, et puis il le devient de plus en plus ! »[a]

Nous n'avons jusqu'à présent, dans toute l'histoire de la Terre, bénéficié de la créativité qu'à l'état sauvage. Les personnes créatives dont les talents ont profité à l'humanité sont celles qui le sont demeurées obstinément « malgré tous les efforts que la famille, la religion, l'éducation et la politique mettaient en œuvre pour l'extirper d'elles. Si nous parvenons à apprivoiser la créativité, c'est-à-dire à l'accroître plutôt qu'à la renier dans notre culture, la civilisation fera un grand bond en avant »[22].

Ce « grand bond » de la civilisation pourrait se produire plus tôt qu'on ne le pense, car une nouvelle génération d'enfants est en train de grandir dans des écoles néohumanistes tout autour du monde.

---

[a] Des enfants de l'école élémentaire de Lawrence, Massachusetts, ont participé à un tel programme d'associations d'idées de façon créative, dirigé par Wm. J.J. Gordon. Après un an de ce programme, leur connaissance des lettres et des sons avait augmenté de 363 %, leur compréhension orale de 286 % et leur faculté de lire de 1083 % ! (William J.J. Gordon, *« Learning Dysfunction and Connection Making »* [« Troubles de l'apprentissage et associations d'idées »], *S.E.S. Associates*, Cambridge, Massachusetts.)

La conscience subliminale,
– deuxième niveau surconscient –

L'INTUITION

Réfléchissons un instant au fait qu'aussi instruit, cultivé et intelligent que nous nous pensions, nous n'utilisons qu'environ un pour cent de nos capacités mentales. Nous gaspillons quatre-vingt-dix-neuf pour cent de notre potentiel humain. La plupart du temps nous agissons comme des automates, nous n'entrevoyons les ressources plus profondes de notre esprit pas plus d'une ou deux fois dans notre vie[a, 23].

Notre esprit, part microcosmique de la Psyché universelle[b] qui imprègne toute la création, est potentiellement infini. Nous ne fonctionnons cependant habituellement pas au niveau de cette Pensée universelle : nous ne percevons pas l'immensité illimitée des vibrations dans l'univers. Notre intelligence sensorielle a en effet développé, pour assurer notre survie biologique sur le plan physique, la capacité de filtrer par les sens les nombreux stimuli non nécessaires à notre survie. Elle ne laisse parvenir à notre cerveau que les vibrations qui favorisent notre existence sur cette planète particulière. Nos sens

---

[a] « La conscience normale de l'état de veille, la conscience rationnelle, n'est qu'une forme particulière de la conscience. Tout autour d'elle, derrière le plus vaporeux des écrans, des formes entièrement différentes de conscience ne demandent qu'à s'exprimer. Nous pouvons traverser la vie sans soupçonner leur existence, mais appliquez le stimulus requis et elles sont là, dans l'instant, dans leur intégralité. On ne peut totalement rendre compte de l'univers si l'on laisse de côté ces autres formes de conscience. » (William James, psychologue)
[b] Ce que Alduous Huxley appelait « *Mind at Large* » (voir p. 77).

ne sont pas des fenêtres sur le monde mais des instruments sélectifs qui choisissent les connaissances qui entrent dans notre conscience et écartent le reste.

Prenez l'œil, par exemple, il ne répond qu'à l'énergie électromagnétique qui rayonne dans le spectre visible. Le spectre visible n'est qu'une toute petite partie de tout le spectre d'énergie qui vibre partout autour de nous[a].

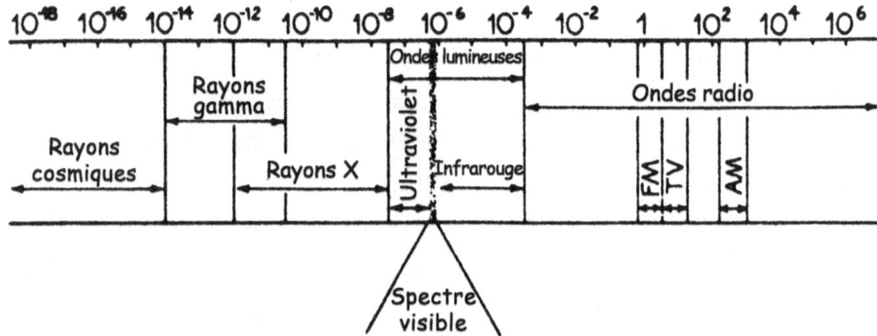

En plus, nos systèmes sensoriels ne couvrent qu'un champ restreint du domaine vibratoire. Nous ne pouvons percevoir même l'existence d'une forme d'énergie si nous ne possédons pas le sens approprié à cette forme d'énergie, comme dans le cas des rayons cosmiques par exemple. Nous avons une certaine similarité avec la grenouille, dont le cerveau ne peut percevoir que les quelques stimuli limités nécessaires à sa survie, comme les objets sombres qui pénètrent soudainement dans son champ de vision : les mouches ou les petits insectes dont elle se nourrit !

---

[a] Les longueurs d'ondes de tout le spectre énergétique dont nous connaissons l'existence varient de moins de 0,001 micron (un nanomètre), à plus de 1000 mètres. Pourtant, nous ne pouvons percevoir que l'infime partie située entre 0,4 et 0,8 microns, excluant les rayons X, les infrarouges, les ultrasons, etc.

Construire la réalité

C'est à partir de ces données sensorielles restreintes (que le niveau sensoriel reçoit du monde extérieur par les sens) que la pensée construit sa vision de la réalité, sa compréhension de la causalité, du temps, de l'espace, etc. Le psychologue William James comparait ce processus à un sculpteur faisant naître une statue d'un bloc de marbre. « Notre intelligence travaille dans une large mesure sur les données qu'elle reçoit, tout comme un sculpteur travaille sur un bloc de pierre : le monde que nous sentons et dans lequel nous vivons est celui que nous avons extrait en rejetant simplement, comme le sculpteur, des parties de la matière donnée »[24].

Aucun être humain n'étant identique à un autre, chacun de nous construit sa propre vision unique de la réalité sur son propre plan mental : chaque vue diffère légèrement des autres. Nous sommes comme ces aveugles se heurtant à un éléphant durant leur promenade au zoo. Le premier aveugle trébuchant contre l'épaisse patte de l'éléphant dit : « Il y a une colonne ! » Le second, qui sent les oreilles de l'animal battre, dit : « Non, c'est un oiseau géant ! » Le troisième touche la queue de l'éléphant et dit : « Certainement pas, c'est une longue corde ! » Le quatrième aveugle explore les défenses d'ivoire et répond : « Pas du tout, c'est une lance pointue ! » Tandis que le cinquième qui touche la trompe agitée de l'animal assure : « Mon Dieu, c'est un énorme serpent ! »

Il n'y a pas que nos sens et notre cerveau qui programment notre construction de la réalité, mais également notre environnement et notre éducation : on a ainsi démontré que les enfants pauvres des bas quartiers voyaient les pièces de monnaie plus grandes que ne les voyaient les enfants de familles riches[25] par exemple !

Un père et son fils étaient assis une nuit dans un champ et regardaient la lune. Le père dit à son fils qui voyait double :

– Fils, tu vois deux au lieu d'un !

– Comment serait-ce possible ? répond l'enfant. Si cela était, il y aurait quatre lunes au lieu de deux ![26]

Nous sommes comme le fils qui voyait double. Nos sens et notre intellection nous font voir une image partiale et déformée, que nous tenons pour la réalité. C'est pourquoi l'enseignement des sages a dit : « Vous ne savez rien de vous-même ici et dans cet état. Vous êtes comme la cire dans la ruche : que sait-elle du feu ? Quand elle arrive au stade de la bougie et que de la lumière jaillit, alors elle sait. C'est de la même façon que vous saurez que lorsque vous étiez vivant, vous étiez mort et pensiez seulement être vivant. »

Seuls quelques individus isolés ont tout au long des âges fait des efforts soutenus pour élargir leur esprit au-delà de « la prison des sens » dont parle le poète Blake. Ils se sont vus eux-mêmes comme ils sont en réalité, infinis. Seuls ces saints, ces sages, ces yogis et ces mystiques exaltés – qui, par-delà les sens et l'intellect, sont parvenus à un état de conscience plus élevé, au deuxième niveau de l'esprit surconscient – ont pu ressentir la puissance, la sagesse et l'extase de ce royaume plus subtil. Nous assistons depuis peu sur toute la planète à un regain d'intérêt pour les disciplines spirituelles et les facultés psychiques, les drogues élargissant l'esprit, le mysticisme, la méditation, et la créativité : l'humanité a de plus en plus soif de transcendance.

Maintenant que les succès matériels de notre civilisation ont rendu plus facile notre survie et plus sûre notre vie, nous pouvons confortablement et sans danger explorer les niveaux plus élevés de notre esprit. Hélas, la plupart des gens ne savent pas comment s'y prendre. Car la trop grande importance accordée à la connaissance intellectuelle rationnelle et verbale est comme un écran dissimulant à la conscience ses niveaux plus subtils et bouchant leur accès. Dès l'enfance on nous apprend à bien développer notre intellectualité –

par la lecture, l'orthographe et le calcul – mais on nous parle bien peu de nos capacités intuitives[a].

L'éducation libératrice

Ce dont a besoin l'humanité aujourd'hui est une *éducation pour se libérer*[b] de la prison des sens, du domaine étroit et restreint de notre niveau mental inférieur : une éducation qui nous enseigne à élargir notre conscience et à développer la force et les possibilités cachées en nous. Cela dès la plus tendre enfance car, comme l'ont montré de nombreuses études, les petits enfants sont naturellement intuitifs et n'ont guère besoin de leçon. Nous avons vu que, dans les premières années, avant que le pont reliant les deux moitiés du cerveau n'achève sa formation[c] et que les deux hémisphères se spécialisent, il n'y avait pas de domination du cerveau gauche, et donc pas de primauté de l'intellect rationnel et verbal. Les enfants pensent encore intuitivement et de façon globale, et, comme les saints, leur conscience peut aisément et à volonté passer du niveau le plus bas au niveau le plus élevé. Leur corps existe sur ce plan physique, mais leur esprit parcourt des sphères plus subtiles.

L'intuition enfantine

Un jour, une petite fille de quatre ans qui faisait les courses avec sa mère s'exclama : « Maman, Papa est à la maison en train de manger une pomme ! » Sa mère la réprimanda et lui demanda de ne pas raconter d'histoires : « Papa est au bureau ! » Mais devant l'insistance de la petite fille en larmes, elle appela chez elle et à sa grande

---

[a] Les différentes phases du développement cognitif de Piaget ne décrivent pas toutes nos possibilités de développement mental : son stade même le plus élevé d'analyse logique, des opérations formelles (voir p. 27), se contente de décrire la connaissance limitée de notre plan intellectuel.
[b] *Sâ vidyâ yâ vimuktaye,* la devise de toutes les écoles néohumanistes du monde.
[c] Le corps calleux (voir p. 97).

surprise son mari répondit au téléphone. Il avait fait une pause et était rentré chez lui manger un morceau, mais à sa grande consternation il n'avait trouvé dans le frigo que... des pommes !

La faculté de télépathie atteint, dans la vie humaine, son maximum à l'âge de quatre ans. Elle disparaît vers huit ans à cause de l'importance qu'on accorde à l'école à la connaissance intellectuelle. Il semble que l'intuition soit un don que tout enfant possède à la naissance : les enfants qui manifestent une perception extra-sensorielle sont en effet plus nombreux que ceux faisant preuve d'une intelligence supérieure, et on a trouvé des perceptions extra-sensorielles même chez des enfants mentalement retardés.

Lors d'une expérience, un chercheur prit des dessins d'enfants de sept ans représentant des objets et des personnes entourés de halos de couleurs vives[a]. Il les montra à des enfants plus âgés en leur demandant s'ils avaient déjà vu cela auparavant. « Oui, répondirent les enfants, mais nous ne le voyons plus parce que cela crée trop de problèmes. » Bien que craintifs et peu désireux d'en parler de prime abord, dès que le scientifique eut gagné leur confiance, les enfants racontèrent les couleurs qu'ils voyaient communément autour des gens, et comment ces couleurs changeaient selon l'humeur. Mais quand ils parlaient de cela à leurs parents, dirent-ils, les couleurs de ceux-ci changeaient, elles viraient au rouge[12] !

En 1973, le célèbre médium Uri Geller fit, à la télévision anglaise, une démonstration de ses remarquables exploits de psycho-kinésie (« l'esprit agissant sur la matière »), où il invita les spectateurs à se joindre à lui pour plier et casser cuillers, fourchettes, etc., avec la puissance de leur esprit. En quelques heures, la BBC fut saturée de quelques 1500 appels rendant compte d'ustensiles ménagers pliés et cassés, presque tous par des enfants ! Alors que Geller faisait

---

[a] Les « auras » d'énergie colorée qui, d'après les yogis et les médiums, entourent toutes les entités. Dans les peintures religieuses, les halos sont la représentation du rayonnement blanc qui entoure les saints.

le tour du monde, le même phénomène se produisit plusieurs fois en Scandinavie, en Allemagne, en Afrique et au Japon[12].

Cependant, si l'on ne développe pas comme nos autres capacités ces intuitions précoces et ces facultés psychiques de l'enfance, elles disparaissent, tel un muscle qui s'atrophie. Elles sont de fait souvent consciemment inhibées par les enfants par peur de la désapprobation des adultes. De nombreux enfants médiums étudiés avouèrent, comme les enfants dont les parents « devenaient rouges », la honte et la gêne qu'ils ressentaient devant le mécontentement des adultes : « Quand j'étais petit, je me sentais désespéré et troublé parce que personne ne me croyait »... « Ma famille et mes professeurs me trouvaient bizarre. Jusqu'à il y a cinq ans « l'expérience » me bouleversait et me troublait »... « Je priais pour devenir normal »[27]. Lorsque les enfants découvrent que leurs parents, qu'ils aiment, n'approuvent pas ces expériences, ils les suppriment instinctivement jusqu'à ce qu'elles finissent par disparaître et que leur vision du monde devienne aussi étroite que celle des adultes.

De nombreuses qualités merveilleuses des enfants se déploient ainsi régulièrement puis disparaissent, et nous présumons que ce sont de simples égarements passagers. Il y a même des psychologues pour parler du caractère « presque hallucinatoire » de l'enfance, comme si l'intuition naturelle était quelque chose de pathologique ! Avec la désapprobation des adultes et l'élimination systématique des facultés plus subtiles par l'éducation, il n'est pas surprenant que ces dons psychiques se flétrissent rapidement et meurent.

Ces facultés naturelles de clairvoyance, de télépathie, de divination, etc. sont précieuses à la fois pour l'individu et pour la société humaine. Chacun de nous a un potentiel infini qui cherche avec hésitation, dans l'enfance, à s'exprimer, puis qui se perd pour toujours. Il nous faut développer un contrôle conscient sur ce potentiel et apprendre à l'utiliser pour le bien de l'humanité : nous devons travailler à nous élargir mentalement jusqu'à nous relier à la Psyché universelle, et pouvoir contempler le passé, le présent, le futur et les mystères de la vie.

Einstein révéla un jour qu'il n'avait pas découvert la théorie de la relativité par la logique ou le raisonnement, mais par l'intuition. Tout enfant a la grandeur potentielle d'un Einstein, car ce puissant pouvoir d'intuition sommeille en chacun de nous.

Pour résoudre les problèmes presque insurmontables du monde, on a aujourd'hui désespérément besoin d'éduquer à vaste échelle nos facultés supérieures : la science de l'intuition doit faire partie de notre éducation dès la maternelle, de sorte que la prochaine génération d'êtres humains puisse joyeusement recevoir le flot d'inspiration, de sagesse et de créativité des couches supérieures de l'esprit, et les canaliser pour l'élévation du monde.

La science de l'intuition

Il existe un procédé scientifique qui agit sur le système nerveux humain et permet de transcender la connaissance restreinte des niveaux inférieurs de conscience, qui permet d'aller au-delà des limites sensorielles et des constructions étroites de la pensée intellectuelle, et de faire l'expérience directe de la Réalité infinie au-delà. Il s'agit de celui de la méditation, développé par d'antiques sages après des milliers d'années d'expérimentation. La méditation est si simple que même un enfant peut la pratiquer. On s'assoit tout d'abord immobile et silencieux, les mains et les jambes repliées et les yeux fermés, et l'on s'imagine dans un environnement lointain et calme. Celui qui médite ne voit, n'entend, ne touche, ne sent et n'éprouve rien d'extérieur ; il ne doit ni parler, ni bouger, ni agir physiquement. Ses sens et sa motricité sont ainsi au repos. Le premier niveau psychique, dont la fonction première est d'activer ces facultés, est automatiquement mis à l'arrêt.

La tâche suivante consiste à transcender le niveau rationnel, à arrêter le bavardage continuel des pensées du cerveau gauche, intellectuel, et à passer à la conscience au-delà du temps, globale, de l'hémisphère droit. Pour cela on répète, en silence, un ensemble de sons soigneusement sélectionnés appelé *mantra*[a]; c'est comme chanter une musique harmonieuse en son for intérieur. La concentration intense sur le *mantra*, accompagnée d'une profonde respiration rythmique, tranquillise l'intellect sans cesse agité de pensées, et génère une énergie psychique si grande que l'esprit s'élève progressivement vers l'état surconscient de connaissance, de paix et de félicité infinies.

Les ondes cérébrales

Les récentes découvertes de la science ont éclairé d'un jour nouveau cette très ancienne pratique [qu'est la méditation]. Le cerveau émet, par ses milliards de cellules nerveuses créant de minuscules courants électriques, de subtiles ondes magnétiques appelées « ondes cérébrales » dont la fréquence varie en fonction de l'état de conscience. La conscience éveillée normale se caractérise par l'onde *bêta* qui a un rythme rapide et irrégulier : c'est une indication claire de l'agitation d'esprit de l'individu moyen.

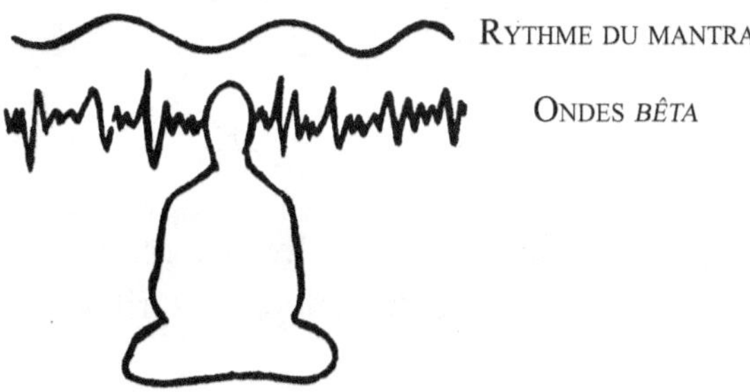

---

[a] Littéralement « ce qui libère l'esprit ». La fréquence spécifique du *mantra* est conçue pour être en résonance avec la conscience d'un individu et l'élever à des états plus subtils. Pour une explication détaillée du processus de méditation lire *Les Secrets de l'esprit*, France, éditions Ananda Marga, 2018 [du même auteur].

Réciter répétitivement la subtile musique intime du *mantra* pendant la méditation apaise progressivement les ondes *bêta* agitées jusqu'à les faire devenir des ondes *alpha*, plus lentes et rythmiques. On entre ainsi dans « l'état *alpha* », un état de vigilance sereine[a].

Si l'on continue à se concentrer sur le *mantra*, les ondes cérébrales s'apaisent peu à peu en ondes *thêta*, et le niveau énergétique de ces ondes *thêta* augmente. Dans le même temps, une force psychique énorme s'accumule en soi. Les savants suggèrent que dans cet « état *thêta* » surconscient, on déborde d'intuitions créatrices et de joie profonde, comme si l'on se trouvait au seuil même d'une conscience infinie.

Plus la méditation devient profonde et plus les ondes cérébrales se transforment en ondes *delta*[b] :

Le niveau d'énergie augmente et l'extase intime devient plus intense... Jusqu'à ce que, tout d'un coup, l'esprit « s'immobilise » :

---

[a] L'analyse de certains *mantras* effectuée sur ordinateur a révélé que leurs fréquences acoustiques sont semblables aux fréquences cérébrales *alpha* et aux autres fréquences cérébrales plus lentes. C'est ainsi la superposition des rythmes lents et subtils du *mantra* sur les ondes agitées du cerveau qui, progressivement, calme et élève l'esprit.

[b] Ondes *bêta* : 13 ou plus cycles par seconde ; ondes *alpha* : 8 cycles par seconde ; ondes *thêta* : 4 cycles par seconde ; ondes *delta* : 1 cycle par seconde.

toutes les illusions de mouvement et de temps, toutes les distinctions entre dedans et dehors, entre percevant et perçu s'évanouissent sur le champ. Le méditant traverse les confins de l'espace et du temps, et plonge dans l'Infini.

C'est ainsi que, durant la méditation, la constante surimposition de la vibration du *mantra*, transforme peu à peu les ondes cérébrales en ondes plus lentes et subtiles jusqu'à devenir infinies, et que l'esprit fusionne avec la conscience infinie intérieure :

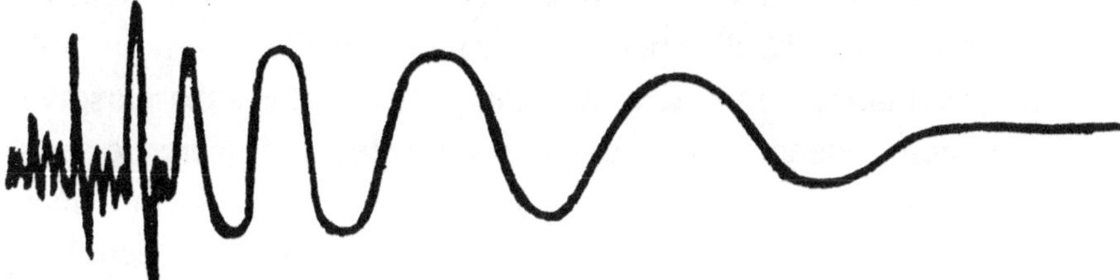

Ondes *bêta* : l'agitation de la pensée	Ondes *alpha* : la vigilance sereine	Ondes *thêta* : la méditation profonde	Ondes *delta* : la méditation très profonde	Union avec la Conscience divine

Les bienfaits de la méditation

De nombreuses études ont montré les bienfaits immenses qu'apporte la méditation dans tous les domaines de la vie. Après cinq mois et demi seulement de méditation, les employés d'une grande compagnie occidentale ont enregistré une baisse de la dépression, de l'hostilité, du stress, de l'irritabilité et la disparition de leurs désordres psychosomatiques tels que rhumes, maux de tête et insomnies. Il en résulta une forte diminution du taux d'absentéisme. L'avantage le plus largement acquis a été la faculté de penser clairement. Les gens qui pratiquent la méditation disent qu'ils se sentent plus alertes, plus sociables et qu'ils apprécient plus la vie qu'avant. « Je ne me sens plus autant sur la défensive dans mes rapports avec les autres »... « Mon raisonnement est plus clair, et je suis davantage capable de me fixer des priorités et de les suivre dans l'ordre »... « Je peux mieux penser, me rappeler et organiser »[a, 28].

L'une des raisons qui explique cet accroissement de la vigilance et de la faculté de penser clairement est que, durant la méditation, l'afflux sanguin au cerveau augmente de trente-cinq pour cent[29]. L'irrigation sanguine du cerveau conditionne directement nos capacités mentales, et avec son accroissement, et l'augmentation correspondante d'oxygène, le fonctionnement global du cerveau s'améliore[b].

L'on sait que les personnes subissant une grande quantité de stress au cours de leur vie sont plus susceptibles de tomber malade ; or une autre recherche d'importance a montré que les gens qui pratiquent la méditation supportent des changements plus stressants avec moins de conséquences sur leur santé. La capacité de gérer le stress augmente avec la pratique de la méditation, et ceux qui s'y adonnent éprouvent quotidiennement beaucoup moins d'anxiété. Au lieu de se sentir ballottés sans recours par la vie, comme cela arrive à beaucoup

---

[a] Les employés de la Compagnie de téléphone de New York *(New York Telephone Company)* ont pratiqué la méditation deux fois par jour pendant 15-20 minutes chaque fois, plus un certain nombre de « mini-méditations » (2-3 minutes de relaxation) dans le courant de la journée. Au vu des bienfaits acquis, ce ne sont pas seulement les élèves, mais les professeurs aussi qui devraient s'adonner à la méditation pour conserver leur équilibre, leur patience et leur vigilance tout au long de la journée.

[b] L'une des causes de la sénilité est la diminution d'afflux sanguin au cerveau qui survient chez de nombreuses personnes âgées.

de gens, ils se sentent maîtres de la leur et moins dépendants des autres[30].

Une meilleure concentration

Le plus grand bienfait que de nombreuses personnes ont cependant retiré de la méditation a été une plus grande concentration. Méditer régulièrement développe la capacité à prêter attention et à ignorer les distractions, et l'on se sent à la fois plus vigilant, comme si on « utilisait son cerveau beaucoup plus efficacement que jamais auparavant »[30].

La concentration est la clé de ce trésor qu'est la connaissance, car quelqu'un qui la développe peut tout apprendre facilement. C'est pourquoi au lieu d'une éducation où l'on met l'accent principal sur le contenu, nous devrions également former nos enfants à maîtriser les incessantes divagations de leur esprit et à focaliser leur attention à volonté. Cette faculté d'exploiter et de diriger leur énergie mentale leur sera un atout important dans chaque domaine de leur vie.

Les recherches s'amoncellent et concluent toutes à l'inestimable effet de la méditation sur la personnalité humaine. Peut-on alors encore douter de la capacité qu'a la méditation à procurer santé, finesse d'esprit, perspicacité intuitive et paix de l'esprit ? La méditation étant le droit de naissance de tout être humain, ne devrions-nous pas former nos enfants dès les premières années d'école à s'asseoir tranquillement et à se concentrer dans le recueillement de façon à ce qu'en grandissant la méditation fasse sans effort partie de leur vie quotidienne ?

Dans toutes les écoles néohumanistes, la matinée commence par une méditation de groupe. Si les enfants sont agités, ils dansent et chantent d'abord pour libérer leur énergie excessive et se calmer. Plutôt que de forcer les enfants à méditer mécaniquement, ce qui pourrait les faire réagir, l'instituteur leur transmet l'inspiration de méditer : par l'exemple bien sûr, mais aussi en leur racontant de belles histoires de méditation où le héros, ou l'héroïne, est sauvé miraculeusement, ou protégé magiquement, par la méditation.

« ... les enfants s'assirent dans l'herbe devant la sombre vieille grotte de l'ogre. Ils fermèrent les yeux et se mirent à méditer. Ils pensaient à l'ogre et envoyaient dans son cœur le plus d'amour possible. Que se passa-t-il ? Au même moment, l'ogre sentit dans son cœur un étrange sentiment, un sentiment chaud et délicieux comme si son cœur fondait de joie, et il se mit à sourire tout seul. Et son sourire se fit de plus en plus grand, le sentiment dans son cœur de plus en plus heureux, jusqu'à ce qu'il s'asseye dans l'herbe à côté des enfants et ferme ses gros yeux pendant un long, long moment... Depuis ce jour, l'ogre est le meilleur ami des enfants. »[6]

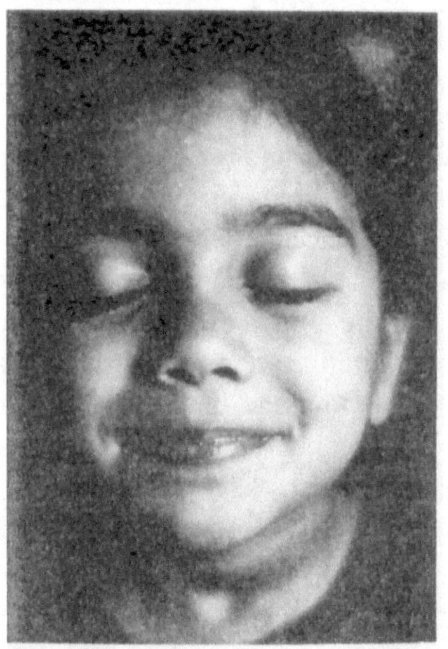

Quiconque a jamais vu des petits enfants méditer, leurs petites mains gentiment croisées sur les genoux, le front serein et un léger sourire aux lèvres, comprendra la vraie signification de ces mots : « si vous ne devenez comme les petits enfants, vous n'entrerez pas au Royaume des cieux »[31].

La spiritualité,
– troisième niveau surconscient –

On demanda à une petite fille :

– Le soleil sait-il qu'il fait beau ?
– Oui, répondit-elle, parce qu'il peut le voir !
– Il a des yeux ?
– Bien sûr ! Quand il se lève, il regarde s'il fait mauvais temps, et si oui, il va dans un autre endroit où il fait beau temps[12] ! »

Pour le petit enfant, tout est vivant et source d'émerveillement. Comme pour François d'Assise, le soleil, la lune, l'eau et le feu sont tous frères et sœurs. L'enfant est au milieu de toute cette vie. Les premières années, sa conscience ne différencie pas le moi du non moi, le dedans du dehors, car elle fonctionne dans les hautes sphères spirituelles du niveau surconscient.

Les enfants ne se ressentent pas comme une individualité limitée à leur corps physique, ils ne regardent pas le monde à travers les portes et les fenêtres des sens. Leur conscience s'étend au-delà de leur petit corps et se mêle à ce qui l'entoure. Ils éprouvent le monde comme un tout indifférencié, et eux-mêmes comme une partie de ce tout.

Cette « pensée magique » de l'enfant ressemble incroyablement à l'état exalté du mystique, et aux descriptions que font les physiciens modernes de la vraie nature de la réalité. D'après eux, loin d'être une réalité solide, tangible, stable, le monde « extérieur » n'est qu'une illusion, un jeu de fréquences et d'ondes. Notre cerveau accomplit des opérations complexes sur ces fréquences, ces ondes, les transformant en sons, couleurs, odeurs et goûts, nous permettant ainsi d'entendre une symphonie ou de sentir une rose. « Si nous n'avions pas ces opérations mathématiques accomplies par notre cerveau comme une lentille pour voir le monde, nous connaîtrions un monde de fréquences : pas d'espace, pas de temps, rien que des ondes ! »[32]

Or de quoi sont faites les ondes de l'univers ? D'après de plus en plus de physiciens modernes, ce sont des « ondes de conscience » : « La substance de l'univers est une substance mentale »[33]. Comme l'exprime le physicien Sir James Jeans : « L'univers ressemble plus à une grande pensée qu'à une grande machine. »

Plus nous en savons sur la nature de la réalité, plus elle nous apparaît comme un vaste hologramme.

L'univers, un hologramme

Ceux qui voient un hologramme pour la première fois sont surpris. Car là, suspendu dans l'air, il y a un objet : un vase grec par exemple. Vous pouvez marcher tout autour, le regarder de tous les côtés, il semble bien réel. Mais si vous voulez le toucher, vos doigts passent à travers. Cette illusion merveilleuse est produite par les interférences de deux faisceaux lasers, qui, après avoir éclairé le vase, se croisent et créent un motif d'ondes sur une plaque photographique spéciale. La plaque codifie le motif de sorte que chaque point de la plaque contienne des informations provenant de toutes les parties du vase. Quand le même faisceau laser éclaire à nouveau la plaque, l'image originelle se recrée, mais en trois dimensions ! On peut alors voir l'hologramme flotter dans l'air comme un fantôme !

Mais l'aspect le plus remarquable de l'hologramme est que si vous coupez un petit morceau de la plaque holographique et promenez le laser dessus, il produit l'image entière, car chaque portion de la plaque contient, codifié, le motif complet d'ondes. Lorsque les physiciens modernes comparent l'univers à un hologramme, ils adoptent finalement le point de vue des sages et des poètes mystiques de tous les temps pour qui l'univers est contenu « dans un grain de sable et l'éternité dans une heure ».

L'esprit humain, un hologramme

« L'esprit humain est un hologramme, interprétant un univers holographique ! »[32] expliquait Karl Pribram, le théoricien holographique de la réalité. Les chercheurs sur le cerveau commencent à le comprendre : le fonctionnement du psychisme ressemble au procédé holographique. Le cerveau traduit le motif des ondes de la création en une « illusion » à trois dimensions de la réalité. Tout comme chaque partie de la plaque holographique contient l'image en son entier, chaque psyché contient/[reflète] l'univers tout entier. Dans l'hologramme, la partie est le tout, [de même] au niveau le plus haut, chaque conscience individuelle est la conscience universelle, comme l'eau d'un bol d'eau flottant dans un lac. L'eau du bol semble séparée de l'eau du lac que parce qu'il y a le bol, l'ego limité qui se sent séparé de l'« hologramme » universel. Quand le bol se brise, les eaux fusionnent : le sens de l'individualité disparaît, il y a plus de séparation entre dedans et dehors. La conscience individuelle se dissout dans la conscience universelle en un inépuisable courant de béatitude. Libre de toute servitude, on se retrouve au-delà de toute dualité, conscient de la gloire de sa véritable identité infinie, immortelle, suprême béatitude, paix éternelle.

Les petits enfants ont encore directement accès à ce royaume transcendant, car il n'y a en eux qu'une mince frontière entre le moi et l'univers : le « bol » de l'ego ne s'est pas encore complètement formé. Tout comme les saints, ils embrassent les arbres, caressent les nuages avec amour et tiennent les étoiles dans le creux de leur main.

Mais la lumière de leur identité profonde, brillant dans leurs yeux d'une flamme pure, s'éteint vite. Au fur et à mesure où, pour demeurer dans la réalité extérieure, ils s'absorbent dans le monde des sens, leur sentiment de séparation d'avec le monde se développe, et la divine expérience de l'unité universelle s'éloigne. Le conditionnement de l'éducation, avec sa fixation sur l'analytique et le rationnel, les isole ensuite de l'expérience directe de l'« hologramme » universel. Beaucoup d'enfants perdent ainsi par peur ou par culpabilité leur vision mystique originelle, tout comme ils avaient perdu leurs pouvoirs psychiques telle l'intuition.

« Je ne parlais jamais à ma mère de mes idées sans une impression de honte, sentant que je savais qui et comment était Dieu et qu'elle n'avait pas encore eu cette compréhension... »[27]

« Quand j'étais enfant j'allais à l'église chaque semaine, mais je détestais entendre les mots « misérable pêcheur ». Je sentais que d'une certaine façon c'était un blasphème contre la beauté, la lumière et la fusion englobant tout de Dieu, de l'homme et de la matière que je voyais tout autour de moi. Un jour je bondis pendant la messe, incapable de supporter davantage les mots « car en nous il n'y a pas de salut » qui étaient entonnés, et hurlai que Dieu n'était pas du tout comme ça, qu'il était plus près de nous que notre propre main ; on me poussa dehors en larmes. »[27]

La société, les parents et les enseignants ont la responsabilité sacrée de ne pas réprimer la conscience spirituelle des enfants. Ils ont au contraire celle de préserver cette conscience spirituelle, de les aider à rester ouverts aux plus hautes réalités même quand ils travaillent à se frayer un chemin dans cette réalité physique, pour qu'ils puissent continuer à transcender les limites de l'ego et se fondre joyeusement dans l'unité qui englobe tout, tout au long de leur vie.

La faculté de vaincre son propre égocentrisme est en effet non seulement une source de bonheur personnel, mais aussi un atout précieux pour la planète tout entière. Ceux qui se ressentent comme une partie du tout ne peuvent que développer un intérêt empreint d'amour pour le bien-être de toutes les créatures vivantes. Ils ne peuvent que ressentir profondément la peine d'autrui, ou « briller comme des rubis et des émeraudes avec les larmes de joie et de rire de tous les êtres »[34].

La spiritualité s'avère ainsi dans l'éducation essentielle au développement de l'individu comme à celui de la société. Car le prêche moral ne suffit pas à éradiquer l'égoïsme, la haine et la cupidité, destructeurs de l'harmonie sociale, seul le sentiment de l'unité avec tous les êtres qui naît au fond du cœur le peut.

« Je ne fais qu'un avec le tout »

La méditation est le moyen le plus efficace de développer ce sentiment d'unité car, comme nous l'avons vu, elle transforme le processus cérébral et permet l'expérience directe de l'« hologramme » universel. La musique intérieure que l'on entonne durant la méditation n'est pas une simple combinaison de sons sans signification, son sens est une des parties les plus essentielles de la pratique : « Je suis l'Esprit infini » ou « Je suis un avec tout ». C'est un fait reconnu que les affirmations positives peuvent vraiment changer notre conscience : « L'on devient ce que l'on pense ». La répétition constante du *mantra* associée à sa signification sublime diminue progressivement notre identification erronée au corps et aux niveaux inférieurs de la psyché. On élargit sa pensée à des niveaux toujours plus élevés de l'esprit jusqu'à ce qu'enfin nous nous libérions complètement de toutes les limites de l'ego. Nous comprenons à ce moment-là que nous sommes véritablement infinis, et fusionnons par l'extase avec le Tout qui englobe toute chose. Quand nous rouvrons les yeux pour reprendre nos activités dans le monde, nous regardons le monde avec les yeux de l'amour.

La roue de la connaissance

De la maternelle à l'université et jusqu'à la formation continue, l'éducation d'aujourd'hui fragmente la compréhension de l'enseigné en différentes disciplines. Elle n'offre pas à la jeunesse qui en a besoin de véritable but dans la vie, tout comme elle ne lui en révèle pas la signification. Elle crée de ce fait des individus qui se sentent éloignés de Dieu, de la nature et des autres êtres humains. Ces divisions en « matières » sont contraires au mouvement de la nature qui est « une unité merveilleuse qui ne se divise pas en physique, chimie et mécanique quantique »[35]. De nombreux scientifiques reconnaissent qu'aujourd'hui « une profonde réorganisation et restructuration de la connaissance a lieu... les vieilles frontières s'écroulent dans toutes les directions »[36].

« Contrastant avec la façon dont nous compartimentons le savoir, écrit un psychologue, les tribus indiennes d'Amérique s'efforcent de montrer la nature circulaire, reliée, de la réalité, en dressant une carte de la connaissance sur une roue. [...] Nous avons aujourd'hui besoin d'une « roue de la connaissance », d'une cosmologie où nous pouvons mettre en ordre notre savoir et notre expérience : notre place sur la planète, l'ordre de notre apparition dans le grand spectacle de l'évolution, de l'histoire, notre relation à l'électron infiniment petit et aux immenses galaxies... Nous ne pouvons pas nous comprendre si nous ne comprenons pas le système entier. »[4]

Le cercle de l'Amour

Le « cercle de l'Amour » est la « roue de la connaissance » de l'éducation néohumaniste : un programme nouveau, complet, pour élever la vision du monde des enfants. Il présente à l'enfant l'évolution circulaire de l'univers, depuis l'Esprit infini, passant par la création de l'espace, des gaz, des étoiles et du feu, de l'eau et de la terre, puis des plantes, des animaux jusqu'à l'apparition de l'être humain et finalement des saints et des sages qui s'immergent à nouveau joyeusement spirituellement dans le Tout infini. Ce programme holiste exprime l'interdépendance non seulement de toute la connaissance, mais aussi de toute la création, car tout – des jouets et des cailloux aux chatons et aux facteurs – tout s'ordonne en un ensemble universel. Les enfants ne se sentent ainsi plus isolés mais dans un rapport divin avec leur Source, le monde autour d'eux et les autres êtres humains. Dès leur enfance, les réponses aux questions fondamentales de la vie : « D'où viens-je ? », « Où vais-je ? » sont aussi claires et vives que le poster multicolore de la salle de classe (en couverture).

En classe, les cours s'appuient sur le cercle de l'Amour[a], avec de nombreuses activités variées et multi-dimensionnelles pour chaque cours : des histoires, des jeux, des chansons, des sciences et des mathématiques, des jeux d'imagination, de la danse, de l'art et des travaux manuels. L'enfant aborde ainsi chaque élément ou créature du cercle de l'Amour de tout son être : physique, intellectuel, émotionnel, imaginatif, intuitif et spirituel.

Lors du cours sur l'air, par exemple, les enfants écoutent et mettent en scène l'histoire d'un esprit du vent qui emmène les enfants dans un voyage dans le vent. Ils miment la danse du vent, portent des chapeaux munis de serpentins colorés flottant au vent. Ils observent les formes des nuages. Ils s'imaginent transportés sur le dos du vent lors de jeux d'imagination guidés. Ils chantent et font des ombres chinoises sur le vent. Ils dessinent la brise dans les arbres et fabriquent des mobiles

---

[a] Pour la maternelle : l'infini (Dieu), l'espace, l'air, le feu, l'eau, la terre, les plantes, les insectes, les poissons et les reptiles, les oiseaux, les mammifères, moi-même, les gens et les saints. Pour les classes supérieures, le programme s'appelle le « cycle de la création » et les enseignements sont plus complexes et détaillés.

qui dansent au vent. Cette combinaison d'activités de différentes sortes qui maintiennent un équilibre harmonieux entre la vie intérieure et l'expression extérieure, toutes centrées sur un seul sujet, fait naître chez l'enfant la joie d'apprendre et crée en lui une soif de connaissances qui dure toute sa vie.

L'enseignant, un guide spirituel

Comme l'écrit un grand éducateur : « Je crois fermement qu'il y a des qualités sans lesquelles on ne peut pas devenir un véritable éducateur. La première d'entre elles est la faculté de pénétrer dans le monde spirituel de l'enfant. Étudier le monde intérieur spirituel de l'enfant est un des exercices les plus importants de l'enseignant. »[8]

Le tendre esprit de l'enfant nécessite beaucoup de délicatesse. Préserver et ne pas détruire sa fragile innocence, et toujours maintenir devant ses yeux étonnés l'idéal spirituel de l'unité de la création, est pour l'adulte un grand défi. Pour l'enseignant, la méditation spirituelle est essentielle : elle seule peut lui permettre de se purifier mentalement et de développer la simplicité et la pureté d'un enfant.

Comme le dit un poète du XVIIe siècle, l'enseignant doit « retrouver, pour voir l'univers, la divine lumière » :

« L'expérience qu'avait du monde Adam, au Paradis, n'était pas plus douce que la mienne quand j'étais enfant. Lorsque je vis, la première fois, à travers la grille les grands arbres verts, leur vue me transporta. Mon cœur bondit devant leur douceur et leur beauté : ils étaient si étranges et si merveilleux. (...)

À la lumière du jour, l'éternité se manifestait, tout semblait infini. (...) Les cieux m'appartenaient, et le soleil, la lune, les étoiles aussi, le monde tout entier était mien, et moi, j'étais le spectateur qui jouissait de tout cela. (...)

Je dois retrouver cette divine lumière qui m'éclairait l'univers. J'apprends maintenant, pour réussir à entrer dans le Royaume de la Lumière, à devenir de nouveau un petit enfant. »

Les stades du développement

L'une des caractéristiques les plus frappantes de l'enfant est sa longue dépendance. Les autres mammifères peuvent presque immédiatement se tenir debout, marcher, suivre leur mère et parler la « langue » de leur espèce – bêlements timides ou craintifs, meuglements, etc. – tandis que la période de dépendance de l'être humain, de la naissance à la maturité, s'étend sur plus de vingt ans. Les autres créatures ont un système nerveux soigneusement conçu pour un comportement instinctif, tandis que nous, êtres humains, possédons une extraordinaire faculté d'apprendre des choses nouvelles. Les vingt années que dure notre croissance nous en fournissent largement la possibilité, mais durant nos années de formation, utilisons-nous vraiment toute cette formidable capacité de développement et d'adaptation ?

Une récapitulation de l'évolution

L'une des raisons qui font que notre croissance dure si longtemps est que durant ce temps nous récapitulons l'entière évolution de toute la vie qui précède. L'embryon humain passe par des stades où il ressemble beaucoup au poisson, au reptile puis au mammifère non primate[a]. Quand l'embryon passe par le stade « poisson », il lui pousse des branchies, pourtant tout à fait inutiles puisque l'embryon reçoit son oxygène par le cordon ombilical. Un éducateur estimait qu'un bébé parcourt trois milliards d'années d'évolution biologique avant de naître, au rythme hallucinant de dix millions d'années par jour ! [37]

---

[a] Charles Darwin admit lui aussi ce principe de récapitulation de l'évolution : l'apparition au tout début de la vie de caractéristiques ancestrales qui disparaissent par la suite.

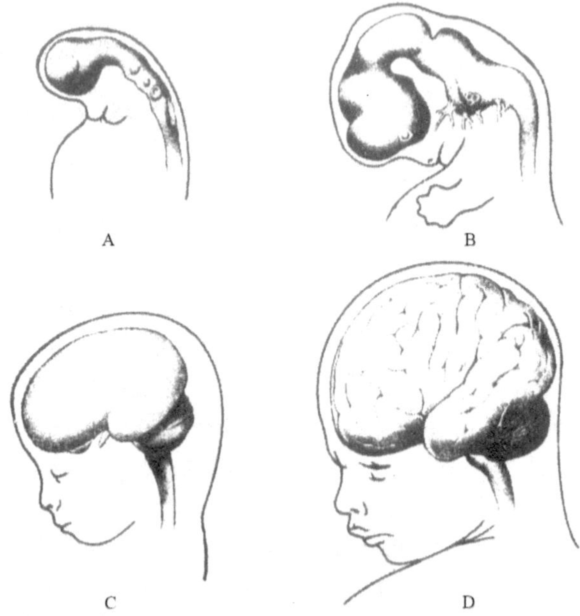

Développement du cerveau humain dans l'embryon et le fœtus :
A : après trois semaines de gestation. **B** : après sept semaines. **C** : après quatre mois. **D** : Enfant nouveau-né.

Les cerveaux A et B présentent de fortes ressemblances avec le cerveau des poissons et des amphibiens.

Durant les dix-huit mois qui suivent la naissance, le bébé passe de la position sur le ventre à l'utilisation coordonnée des membres, de là à la marche à quatre pattes, de la marche à quatre pattes à la station debout, de la station debout à la marche, et finalement de la marche à la parole, une progression de quatre cents millions d'années d'évolution physique humaine, soit cinq cents ans par minute !

Le reste des années d'enfance – où nous passons de nourrisson à enfant, puis à adolescent et finalement à adulte – récapitule l'évolution psychologique des êtres humains sur la terre dans les quatre étapes qu'a traversées l'humanité dans sa marche vers le présent : 1) l'ère purement physique, 2) l'ère guerrière, 3) l'ère intellectuelle et 4) l'ère commerçante. Examinons maintenant ces étapes une par une.

L'humanité primitive : l'ère purement physique

L'ère des humains primitifs correspond au stade embryonnaire de l'espèce humaine, quand l'humanité émergeait tout juste de l'animalité. Ces lointains ancêtres peinaient généralement individuellement à la difficile tâche de survie, car il y avait peu de coopération et de sentiment collectif, peu de sens de responsabilité sociale ou même de sentiment les uns pour les autres dans ces temps préhistoriques. Pour eux toute chose était vivante et sacrée : ils vénéraient le soleil, les arbres, les sources d'eau, les montagnes, les serpents et les pierres. Ils n'avaient pas le concept du déroulement du temps : absorbés dans le présent, ils accordaient peu d'attention au passé et à l'avenir. Ils étaient à bien des égards semblables aux animaux, absorbés par la gratification de leurs sens et la satisfaction de leurs instincts primaires.

L'ère des guerriers

Contraints par leur constante et stressante lutte pour l'existence[a] contre les forces hostiles de la nature, les humains primitifs formèrent peu à peu des groupes. De ces groupes émergèrent des guerriers physiquement puissants qui devinrent les chefs de ces premières tribus. Ce fut la première manifestation de la société humaine, car ces chefs tribaux forts (qui plus tard évoluèrent en monarques) établirent une administration ferme, un gouvernement stable et exigèrent de la discipline. En retour, leurs sujets vénéraient ces figures autoritaires comme des héros. Les membres de ces premières sociétés guerrières développèrent peu à peu une certaine maîtrise sur leur animalité : des sentiments d'amour mutuel et d'affection, un sens de la responsabili-

---

[a] Voir p. 100 une discussion de l'effet du stress sur le développement.

té envers la famille et la société ainsi que des sentiments de conscience et d'honneur grandirent lentement dans leurs cœurs.

Le trait dominant de la psychologie du guerrier est le courage dans la lutte. Le guerrier plein d'ardeur saute à travers les flammes du feu, franchit d'un bond des précipices, et part en guerre contre des forces insurmontables, car il veut conquérir, et non simplement survivre. Des histoires datant de ces ères guerrières ont retenti partout dans le monde (le *Mahâbhârata* en Inde, l'*Iliade* et l'*Odyssée* en Grèce, les *Saga* des Vikings en Scandinavie, les épopées des empereurs en Chine et au Japon) et les exploits des valeureux héros ou héroïnes ont traversé les âges, car l'existence même de guerriers si intrépides émeut l'humanité.

L'ère des intellectuels

Les guerriers étaient indéniablement héroïques, pleins d'ardeur et de bravoure, mais ils n'avaient ni intelligence, ni sagesse. L'oppression que firent régner certains de ces rois guerriers engendra une grande tension morale au niveau collectif, entraînant l'évolution progressive de formes de pensée plus subtiles et l'apparition des premiers intellectuels.

Les habiles intellectuels se mirent peu à peu à dominer les guerriers, qui leur obéissaient. L'histoire est pleine de récits de rois et d'empereurs qui furent des marionnettes aux mains de leurs intelligents ministres. Durant l'âge des intellectuels, les capacités mentales et non la force physique régnaient. C'est à cette époque qu'apparurent les lois et codes sociaux complexes, les idéaux démocratiques et républicains, la métaphysique, la logique, les arts, et les sciences. Cette période (dont la Renaissance européenne est un exemple) continue de briller par les contributions que ses esprits évolués ont apportées dans tous les domaines de la connaissance.

L'ère des marchands

Au XVIIIe siècle, l'intelligence évoluée de l'humanité se concentre dans le secteur économique. L'ère des marchands se met en marche avec le développement de l'industrie, de l'agriculture, des affaires, du commerce et de la banque. Les « marchands » – à la source de la production et de la distribution, les capitalistes de notre Occident – ont, de la révolution industrielle à nos jours, été l'influence dirigeante, et le facteur économique en est arrivé à dominer tous les aspects de la vie humaine. (Les vertus des autres périodes de l'humanité font malheureusement souvent défaut aux « marchands », qui se consacrent fréquemment à entasser des richesses et n'utilisent leurs capacités que pour exploiter autrui)[a].

Ce sont les quatre périodes que les enfants retracent dans leur parcours vers la maturité. Mais avant d'aborder en détail le développement de la psychologie de l'enfant, jetons d'abord un coup d'œil au développement du cerveau, car il suit des étapes parallèles à notre développement social et psychologique.

---

[a] Ces quatre périodes se succèdent l'une l'autre dans une progression cyclique. Le cycle social continue ainsi à se dérouler, avec l'inévitable domination d'un groupe sur les autres, jusqu'à ce qu'émergent les *sadvipras*, dirigeants intègres et sages, incarnant les vertus de tous les groupes et guidant [avant qu'il n'y ait plus abus] la société vers une nouvelle période d'harmonie et de justice pour tous. Pour une explication détaillée du cycle social dans l'histoire, voir *La Société humaine vol. 2* de P. R. Sarkar.

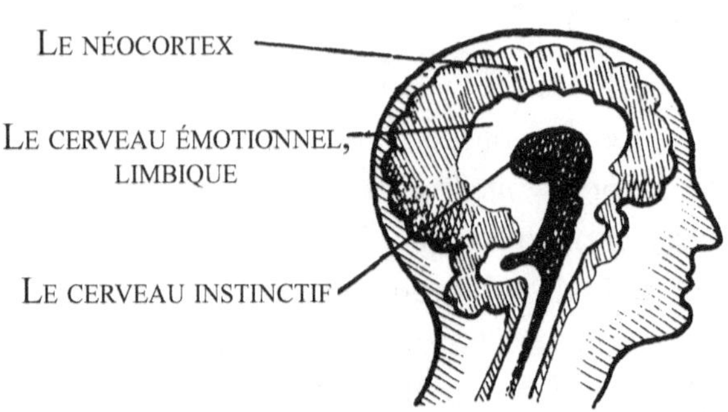

Les phases de développement du cerveau

Le cerveau embryonnaire de l'enfant se développe de l'intérieur vers l'extérieur en trois phases distinctes. [On peut se dire[a] que] celles-ci récapitulent toute l'évolution du cerveau depuis des centaines de millions d'années. Chaque phase correspondrait à une étape distincte et importante de l'évolution : le cerveau instinctif (cerveau proto-reptilien[b]), le système limbique (cerveau paléo-mammifère), et le néocortex. Nous possédons en nous un magnifique assortiment d'« intelligences », qui vont du cerveau le plus archaïque et le plus élémentaire au néocortex, qui est le plus complexe ; car à chaque étape de l'évolution, lorsqu'une nouvelle partie du cerveau s'ajoute, les plus anciennes restent. Chaque être humain possède ainsi les modèles de toutes les formes de penser apparues depuis des millénaires. Lorsque nous regardons le monde, nous le regardons par les yeux de trois états d'esprit différents, chacun possédant sa propre intelligence particulière, sa propre subjectivité, sa propre mémoire et ses propres fonctions motrices.

---

[a] Selon la théorie du triple cerveau développée par Mac Lean en 1967. (ndt)
[b] Les ganglions de la base (le complexe triatal). (ndt)

Le cerveau instinctif

Il y a trois cents millions d'années, vivaient dans les jungles fumantes de l'ère carbonifère les premiers reptiles. Ils possédaient un cerveau simple qui remplissait les fonctions vitales de métabolisme, respiration, etc. et régissait les instincts de base de reproduction et de conservation. Nous autres, êtres humains, possédons aujourd'hui, enfouie sous les couches limbiques et néocorticales, une structure cérébrale appelée les ganglions de la base, à peine touchée par l'évolution, correspondant [dans l'ensemble] au cerveau que possèdent de nos jours les lézards et les alligators, et qui remplit les mêmes fonctions que du temps de nos lointains ancêtres tels les dinosaures : territorialité, schémas hiérarchiques de domination et de soumission, sexualité, agressivité, comportement rituel et résistance au changement. En fait, si on analyse les choses attentivement, une bonne partie de nos comportements politiques et bureaucratiques modernes relèvent de cet antique cerveau « reptilien »[38].

Le cerveau émotionnel[a]

Il y a cent cinquante millions d'années, de petites créatures poilues, ressemblant à des rongeurs et chassant la nuit pendant que les gros dinosaures dormaient, apprirent à se servir de leur intelligence pour éviter d'être mangées par ces géants stupides. Elles nous ont légué le [système limbique que l'on pourrait qualifier de] cerveau paléo-mammifère, qui encercle les ganglions de la base (le cerveau « reptilien »), et que nous partageons aujourd'hui avec les souris et les lapins, les chevaux et les kangourous, les éléphants et les porcs. Lorsque le système limbique est activé, des bouffées soudaines de panique, de fureur, ou des sensations de plaisir déferlent sur la créature qui se met à grogner, sourire, saliver ou attaquer selon le stimulus qu'elle a reçu. C'est grâce au développement de la structure lim-

---

[a] Le système limbique ou structure « paléo-mammifère », dit aussi *paleomammalian brain* en anglais. (ndt)

bique que les mammifères peuvent exprimer de fortes émotions (le comportement plein de tristesse d'une éléphante à la mort de son enfant par exemple). En fait, le système limbique ou cerveau paléomammifère est responsable du comportement altruiste : les mammifères et les oiseaux furent, au cours de l'évolution, les premières créatures à donner des soins et de l'attention à leurs petits, contrairement aux reptiles qui se contentent de déposer les œufs, puis les abandonnent.

Les dysfonctions du système limbique peuvent être à la source de fureur, de peur, d'anxiété ou de sentimentalité sans raison apparente. Les récentes recherches sur le cerveau ont montré que la production d'émotions du système limbique est étroitement liée au système endocrinien, en particulier à l'hypophyse. Il y a longtemps, comme nous l'avons vu, les sages yogis ont compris le rapport qui existe entre le système endocrinien et nos états émotionnels, et ils ont mis au point la pratique systématique d'exercices posturaux (*ásanas*) pour agir sur le système endocrinien et être maître du cerveau limbique émotionnel.

Le cerveau intellectuel ou néocortex

Le néocortex apparaît avec les mammifères supérieurs et notamment l'être humain chez qui il est particulièrement développé. Le néocortex se développa il y a cinq millions d'années chez nos ancêtres primates comme l'agile australopithèque, qui mesurait un mètre dix et ressemblait au singe, et il s'enroula autour du système limbique. Ce cerveau supérieur nous permit d'anticiper, de préparer ce qui était à venir. Il nous dota d'une mémoire à long terme, de la curiosité, de la capacité de résoudre des problèmes et d'une pensée rationnelle. L'apprentissage des enfants est un apprentissage presque exclusivement néocortical, car les structures cérébrales plus anciennes sont déjà génétiquement pré-programmées pour un comportement instinctif.

Chaque être humain a ainsi, un cerveau constitué de structures cérébrales imbriquées l'une dans l'autre, chacune différant par sa structure, sa chimie et son mode de fonctionnement[a]. Ces différentes structures cérébrales situées profondément en nous nous assujettissent à des modes ancestraux de comportement. Elles nous rendent esclaves de la tradition, pleins de résistance au changement, et nous lient tenacement à la superstition et aux dogmes, aux préjugés viscéraux et aux rituels obsessionnels. Ce sont les cerveaux de « la bête en nous », quelquefois stupide, sauvage et cruelle.

N'y a-t-il donc aucun espoir face à l'avenir ? L'humanité est-elle condamnée à être toujours dominée par une sombre animalité, et vouée pour toujours aux passions brutales et aux guerres autodestructrices ?

Une éducation appropriée de nos facultés cérébrales est l'espoir pour notre avenir. Le néocortex, siège de notre intelligence créatrice rationnelle représente quatre-vingt-cinq pour cent du cerveau humain. En développant bien comme il faut cette intelligence, à la lumière des idées des plans psychiques supérieurs et guidés par des valeurs spirituelles, nous pouvons développer un complet contrôle cortical sur nos cerveaux instinctif et émotionnel. Nous pouvons apprendre à canaliser leurs énergies, de sorte à devenir les maîtres et non les esclaves de leurs poussées instinctives[b]. Par un effort discipliné et des conseils appropriés durant la longue période de développement de l'enfance, nous pouvons nous élever de l'animalité à l'humanité et de l'humanité à la divinité. Tel est le véritable but de l'éducation dans la vie humaine : la libération de tous les esclavages de nos moi's inférieurs.

---

[a] Lorsque nous avons affaire à autrui, nous devrions toujours nous rappeler que nous ne parlons pas seulement à un être humain, mais aussi à un cheval et à un crocodile en même temps !

[b] Utiliser par exemple une stimulation émotionnelle positive pour canaliser dans l'étude l'énergie du système limbique.

Le premier stade (de 0 à 7 ans) : l'émerveillement

Dans un vaste champ un petit garçon s'évertue à tirer sur le bras d'un grand épouvantail en chiffons pour le faire tourner. Curieux, un adulte s'approche et demande au petit garçon : « Qu'est-ce que tu fais ? » Le petit garçon regarde l'adulte avec ses grands yeux innocents et répond : « Ça m'embête pour lui. Cela fait si longtemps qu'il regarde les mêmes arbres, il doit être fatigué. Je le tourne de l'autre côté pour qu'il puisse voir autre chose ! »

Comme nous l'avons vu, pour le petit enfant l'univers est vivant et toutes les choses ont une conscience[a]. « Où va le soleil la nuit ? » demande-t-on à un enfant. « Dormir derrière les arbres » répond-il. Cet animisme primitif, cette « pensée magique » ressemble beaucoup à la conscience des hommes préhistoriques. De fait, chez les petits enfants comme dans l'humanité primitive, le néocortex n'est pas encore complètement formé (et, comme nous l'avons vu, l'hémisphère gauche n'est pas encore spécialisé pour penser logiquement). Ils vivent donc dans un état semblable au rêve, rempli d'images vives et d'intuitions claires mais avec peu d'analyse rationnelle[b]. Ils ont généralement des temps d'attention courts, interrompus de fréquentes distractions, et un faible sentiment d'individualité, du moi. Tout comme leurs premiers ancêtres, les très jeunes enfants sont asociaux. Ils préfèrent jouer seuls plutôt qu'avec d'autres enfants, et habituellement monologuent interminablement. Dans la petite enfance, même la fonction du cerveau limbique est encore largement non-

---

[a] De nombreux psychologues (Piaget, Freud, Steiner, Pearce, etc.) sont d'accord sur le sentiment d'unité que ressentent les petits enfants, le manque de dualité entre intérieur et extérieur, entre soi et l'univers : tout part de l'enfant, et il ou elle est le centre de tout.

[b] Piaget appelait cela le stade de la pensée préopératoire (symbolique, intuitive ou prélogique).

développée. Les très jeunes enfants ne font ainsi pas montre de beaucoup d'affection : ils se laissent embrasser sans émotion, et si un nouveau bébé naît quand ils sont très jeunes ils n'éprouvent pas de jalousie.

Alimenter cet émerveillement

À l'école néohumaniste, les activités de la maternelle sont toutes conçues pour favoriser le sens d'unité de l'enfant, son sens de l'émerveillement et de sympathie avec tout ce qui vit : le programme du cercle de l'Amour avec ses contes spirituels et ses jeux d'imagination... les rythmes de la musique qui se déversent toute la journée pour que les enfants, par les chants et les danses, se sentent toujours en résonance avec l'harmonie... et la méditation quotidienne qui constamment élargit leur esprit vers le Tout. L'une des principales causes de souffrance et d'indiscipline dans l'enfance, qui laisse des cicatrices toute la vie, est le sentiment isolant d'insécurité de n'être pas assez aimé. Dans les écoles néohumanistes, les enfants en viennent grâce à toutes leurs activités à comprendre qu'ils sont intimement reliés à la source divine, et ils en ressentent la présence toujours près d'eux. Cette confiance fondamentale en Dieu qui se développe dans la petite enfance est l'assise sur laquelle toutes les vertus ultérieures se construisent, et la source inépuisable d'un bonheur intérieur tout au long de la vie.

L'école de la bonté

Dans la petite enfance, quand la sensibilité émotionnelle de l'enfant se développe, il faut encourager ses sentiments d'amour et de bonté. En rendant de petits services en classe (soigner les plantes et les animaux, laisser la salle propre), les enfants apprennent que la joie la plus grande est de s'occuper des autres. Chaque classe néohumaniste a un jardin (même si ce n'est qu'un jardin sur un balcon) où les enfants peuvent prendre l'habitude de s'occuper avec amour de tout ce qui vit[a]. Sukhomlinsky exprime très joliment la puissante impression de sympathie universelle que laissent ces activités dans l'esprit de l'enfant, particulièrement s'il est guidé par un professeur sensible :

« ...Tard dans l'automne, nous sommes allés en forêt et avons déterré un petit tilleul. Nous l'avons ramené à la ferme de l'école et l'avons planté là, et le petit arbre est devenu notre ami. Nous avons rêvé et inventé des histoires à son propos. Les enfants se réjouissaient de voir tomber la pluie, car notre petit ami avait besoin d'humidité. Nous nous préoccupions quand la terre était gelée et quand des vents perçants soufflaient sur les champs, car notre ami pouvait attraper froid. Les enfants rassemblèrent de la neige et l'entassèrent autour du tronc du petit tilleul, et les filles apportèrent des tiges de roseaux qu'elles disposèrent tout autour. Lorsque vint le printemps, nous allâmes souvent voir notre ami et attendions avec impatience l'apparition des bourgeons. Les premières feuilles vertes rendirent les enfants fous de joie : l'arbre était vivant !

Quel énorme pouvoir possèdent la gentillesse et l'intérêt pour le monde ! C'est comme un courant puissant qui emporte même les plus indifférents. J'étais très heureux de voir comment Tolys, Kolya et Slava (des enfants « difficiles ») venaient tout émus voir leur ami, le petit tilleul vert, et comme leurs yeux rayonnaient quand ils nourrissaient le poisson de l'aquarium !

L'expérience montre que les sentiments de bonté ont leur racine dans l'enfance. Ils naissent des services que l'on rend, de l'intérêt et des émotions que l'on éprouve pour la beauté du monde environnant. Si la bonté ne naît pas dans l'enfance, elle ne naîtra jamais. Tout le monde devrait donc aller à l'école pour y être formé à la bonté. »[8]

---

[a] Rendre service est une partie essentielle de l'éducation. Si les quatre instincts de la vie animale sont se nourrir, dormir, avoir peur et se reproduire, les quatre caractéristiques qui nous rendent véritablement humains sont 1) le désir de se développer mentalement 2) le sentiment d'unité avec le courant de vie universel 3) notre service à toutes les créatures 4) la profonde aspiration à connaître l'Infini. Il faut encourager ces quatre caractéristiques dès les premières années d'école.

Discipliner ces esprits réceptifs

Les enseignants des premières années d'école ne doivent jamais oublier que l'esprit des enfants absorbe tout et pénètre profondément le monde qui les entoure. Ce que les enseignants disent aux enfants est beaucoup moins important que ce qu'ils sont, car leur bonté ou leur gentillesse, leur impatience intérieure ou leur colère se reflètent dans leurs paroles et leurs actions, et les enfants absorbent toute l'énergie, qu'elle soit positive ou négative, qui émane de leurs professeurs. Ceux-ci doivent contrôler leur impulsion à discipliner l'enfant avec de secs « Non ! » ou « Ne fais pas ça ! », ce qui détruit leur volonté naissante, mais au contraire apprendre à se mouvoir dans le même flot que l'enfant.

Un jour, un petit enfant courait bruyamment tout autour de la classe en disant qu'il était un train et dérangeait tout le monde. Au lieu de le gronder, l'instituteur se mit à courir derrière lui, faisant lui aussi des bruits de train (« tchou-tchou… ») et disant :

« Excusez-moi, je voudrais parler au conducteur !

– C'est moi le conducteur ! répondit fièrement l'enfant.

– Ah bien ! vous feriez alors bien de faire attention, dit l'instituteur, il y a une grande falaise ici, si le train tombe tous les passagers seront blessés ! Pourquoi n'allez-vous pas conduire le train dehors dans le champ là où il n'y a pas de danger ? »

L'enfant « conduisit » son « train » dehors, continuant tout heureux à faire autant de bruit qu'il voulait. Les enseignants créatifs doivent être capables de pénétrer à volonté dans le monde des jeux et de l'imagination de l'enfant, car pour émouvoir le cœur des enfants ils doivent devenir comme eux : des enfants[a].

Les enseignants doivent non seulement préparer les leçons quotidiennes mais aussi se préparer eux-mêmes par une pratique spiri-

---

[a] Pour une plus ample réflexion sur la discipline des petits enfants, voir *The Circle of Love: A Manual for Kindergarten Teachers [Le Cercle de l'Amour : un manuel pour les enseignants de maternelle]* (Manille, 1982).

tuelle et une discipline morale qui purifient le cœur. On ne peut pas apprendre à un enfant à être bon simplement en prêchant, en expliquant ou en grondant, il faut devenir bon soi-même.

De toutes les forces qui modèlent un petit enfant, la plus grande est l'amour. L'école maternelle devrait être un véritable jardin rempli de fleurs multicolores d'imagination où les enfants jouent et étudient joyeusement, et l'instituteur, le chaud soleil dont l'amour réveille les graines de beauté et de bonté dans leur cœur.

Le second stade (de 7 à 14 ans) : l'héroïsme

Le moi distinct et le moi social

À l'âge de sept ans survient l'un des grands changements de la vie humaine. L'énorme réseau de centaines de millions de nerfs qui relient les hémisphères droit et gauche du cerveau (le corps calleux) achève sa croissance, et les deux hémisphères se spécialisent. À mesure que l'hémisphère gauche développe sa capacité de pensée rationnelle, l'enfant cesse de se percevoir comme une partie de l'hologramme universel. Sa conscience de l'unité de tout disparaît peu à peu et un moi conscient se développe, qui se sent séparé du monde.

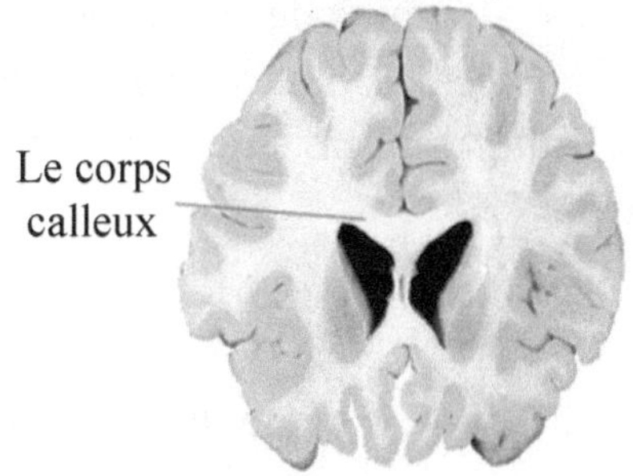

Dans cette seconde étape de sa croissance, l'enfant développe une conscience sociale et passe, dans toutes les cultures, de ses parents à la société, tout comme les premiers humains émergèrent de leur rêve animiste pour s'unir en sociétés stables. Dans la Grèce antique, l'enfant de sept ans quittait le quartier des femmes et était conduit par les rues animées jusqu'à l'école par le professeur. Dans l'aristocratie médiévale, l'enfant entrait dans la maison d'un grand seigneur en tant que page pour faire les courses et apprendre l'étiquette de la cour. Dans l'Inde ancienne, les enfants de sept ans acceptaient le devoir de leur caste et se mettaient à apprendre la profession de leurs parents.

Autour de cette période, une soudaine poussée de croissance du cerveau s'accompagne d'un énorme désir d'apprendre de nouvelles choses. L'enfant veut apprendre tous les rôles sociaux, toutes les techniques et toutes les habitudes des adultes. Dans toutes les cultures où les enfants sont en contact fréquent avec les adultes, leur « jeu » devient, dès l'âge de sept ans, l'imitation exacte des activités des adultes, et ils font preuve de beaucoup d'habileté. Les pygmées africains font des modèles miniatures de leurs ustensiles : leurs instruments de chasse, etc. et jouent avec plaisir « à la réalité » aux côtés de leurs enfants jusqu'à ce que finalement les enfants puissent manier les objets réels et travailler avec joie aux côtés des adultes. À cet âge, il n'y a pas de distinction entre travail et jeu, le travail est un jeu et le jeu un travail, tous deux procurant une joie fascinante ! L'école devrait permettre aux enfants de maîtriser les activités adultes en délivrant des enseignements pratiques de tous les genres : cuisine, travail sur bois, agriculture, mécanique, etc. en même temps que les matières intellectuelles.

La force et le courage

Comme les anciens guerriers, les enfants de cet âge développent une maîtrise sur eux-mêmes et le monde, et leur caractéristique dominante est le courage. Ils ont soif d'aventures et d'émotions fortes, et ils prennent des risques extraordinaires comme si quelque chose les poussait à affronter le danger avec bravoure. Débordant d'énergie le craintif devient acharné, le timide brave et décidé. Ils semblent irrésistiblement attirés par les endroits en hauteur, sautent dans les meules de foin, les falaises et les chutes d'eau en criant avec joie. Se moquant et se défiant les uns les autres, ils dévalent des collines dans des tonneaux et traversent des étangs que recouvre une fine épaisseur de glace. À cet âge héroïque où les enfants aspirent à des actes de bravoure, il faut canaliser, et non pas supprimer, leur puissant courant d'énergie en leur permettant de développer des qualités de chef, de force et d'habileté. Comme les populations aborigènes qui guident leur jeunesse dans des rites d'initiation tels que de dangereux voyages dans un lieu sauvage, il faut engager les enfants dans des jeux où ils se sentent en situation de défi, et leur permettre de ressentir la joie de vaincre difficultés et peur.

Écovol : écoliers volontaires

À cet âge où les groupes de leurs pairs les attirent puissamment et où ils sont fascinés par les clubs, les mots de passe, les signaux et les codes, nous organisons dans les écoles néohumanistes des groupes appelés « Écoliers volontaires » ou « Écovol », groupes guerriers pour garçons et filles, d'où personne n'est exclu, et qui portent des noms tels que « les Aigles ailés » ou « les Dragons intrépides » ou « le Groupe des téméraires ». Dans ces clubs, les enfants apprennent les techniques de survie et les arts martiaux, et ils inventent de « dangereuses missions ».

« À la fin de la deuxième année du cours élémentaire, les enfants imaginèrent le jeu des explorateurs polaires. Ils situèrent les naufragés sur une petite île couverte de végétation au milieu d'un lac peu profond : un « iceberg » entouré d'eau de tous côtés, et nous devions dans l'obscurité de la « dure nuit polaire » leur apporter des vivres (du pain et des pommes de terre).

Des volontaires sortirent du groupe des Téméraires. Les enfants avaient un peu peur, mais deux d'entre eux sé préparèrent. Nous fixâmes un paquet de pain, de pommes de terre, de fromage et d'allumettes à une épaisse planche de pin, l'attachâmes à deux vieux tubes de caoutchouc et mîmes le tout à l'eau.

Le soleil se coucha, le lac et la petite île étaient couverts de brouillard. Des étoiles apparurent dans le ciel. Les garçons se déshabillèrent, attachèrent leurs vêtements à la planche et, silencieusement, se mirent en route... tout le groupe des Téméraires s'assit sur le rivage avec notre petit chien... Une heure s'écoula, il faisait nuit noire. Soudain une faible lueur apparut dans l'obscurité : les jeunes explorateurs polaires avaient atteint le lieu du « naufrage ». Ils envoyaient le signal que le prochain couple pouvait se mettre en route. C'était bien sûr effrayant pour les enfants de se frayer un chemin dans l'eau noire, mais ils n'auraient donné leur place pour rien au monde.

Les enfants éprouvèrent un sentiment de joie profonde en manifestant leur courage et leur bravoure. La bravoure et le courage sont des qualités morales nécessaires, non seulement dans des circonstances exceptionnelles, mais aussi dans le travail et la vie de tous les jours »[8].

Stress et développement

Si l'atmosphère de l'école maternelle est une atmosphère d'amour bienveillant, il devrait régner dans l'enseignement primaire et du premier cycle du secondaire une atmosphère de défi. Ces années sont le moment le plus opportun pour développer dans le caractère des enfants l'esprit de lutte, la capacité de persévérer en dépit des difficultés jusqu'à gagner. Car ceux qui répugnent à se battre, qui ne recherchent que le confort et le bien-être, ne peuvent pas progresser ; seuls ceux qui peuvent affronter les difficultés de l'existence avec résolution et calme intérieur accomplissent de grandes choses.

Des recherches sur le cerveau ont montré qu'en réalité le stress développe l'intelligence. En temps de crise, l'hypophyse produit des hormones qui poussent le cerveau à créer en grand nombre de nouvelles connexions ; ce sont ces connexions entre les neurones de notre cerveau qui déterminent notre intelligence : plus il y a de connexions, plus grande est l'intelligence. Cependant, si nous sommes sur-stressés, nous pouvons sombrer dans un état de choc physiologique, et de nombreux maux peuvent en résulter (voir p. 19). Toute forme de vie doit ainsi exister dans un équilibre *ying-yang*, de tension et de détente, de conflit et d'harmonie, de rapidité et de pause[12].

Le rythme du développement psychologique consiste en un mouvement vers l'inconnu : un stress, qui devient avec l'assimilation au connu, une détente. Chacune de ces adaptations augmente la capacité d'aller davantage vers l'inconnu, de subir des stress encore plus grands, et accroît ainsi encore plus notre intelligence[a].

Or de nos jours, nos vies font la navette entre tension nerveuse – anxiété fluctuante – et la tentative d'éviter le stress par le retrait affectif ou par la détente artificielle que procurent la drogue et l'alcool. Le stress s'accumule, ne se résout pas, il n'est donc pas assimilé et au lieu d'intelligence génère confusion, dépression et un toujours plus grand désespoir.

Nous devons apprendre à nos enfants dès les années du primaire – période de l'enfance la plus appropriée, où l'enfant a de tout son être soif d'émotions fortes, impétueuses et stressantes – à faire face avec calme et assurance aux situations imprévues et difficiles. Nous devons leur apprendre à assimiler l'énergie générée par des forces contraires et à l'utiliser pour accroître leur propre force.

L'école devrait donc enseigner de manière équilibrée stress et détente, en proposant aux enfants des situations toujours plus complexes et inconnues, équilibrées par des pauses apaisantes de méditation et de relaxation. Nous créerons ainsi des personnalités rayonnant de vitalité et de vigueur, imprégnées de l'idéal que la lutte est l'essence de la vie et de la conviction qu'aucune difficulté n'est plus grande que leur capacité à les résoudre.

Nous devons éveiller dans le cœur des enfants l'amour du courage, un amour qui durera toute leur vie.

Les contes héroïques

Pendant ces réunions d'Écovol, dans une grotte ou autour d'un feu ou dans la classe, nous racontons aux enfants les histoires merveilleuses des héros de tous les pays, de l'Odyssée et de Jeanne d'Arc, de Lancelot et d'Arjuna. Les récits où ces âmes glorieuses luttèrent et moururent pour leurs nobles idéaux, même durant les plus

---

[a] C'est l'essence de la science spirituelle du *tantra*, une pratique ancienne qui vise à atteindre la plus haute illumination par une lutte sans répit.

sombres moments de l'histoire, sont faits avec tant de ferveur et d'émotion que le petit cœur des enfants frémit d'excitation ; car dans cette période qui suit le changement de dents, le cerveau limbique se développe et la vie de l'enfant est dominée par les sentiments. Nous leur faisons non seulement écouter de courageux hauts faits de grande valeur morale, mais aussi mettre en scène ces moments émouvant de l'histoire, car leur pensée est encore liée à l'action et les vertus abstraites de probité, d'intrépidité et de sacrifice prennent vie dans ces mises en scène.

La soif insatiable d'exploration qu'éprouvent les enfants à ce stade s'étanche par des « voyages » aventureux autour du monde (à l'aide de toutes sortes d'aides visuelles) dans les déserts brûlants pour visiter les tribus nomades dans leurs huttes en peau de chèvre, dans les villes surpeuplées pour voir les employés de bureau dans leurs gratte-ciel étincelants, ou sur les cimes enneigées pour saluer les sages qui vivent dans des grottes. En explorant ces pays prodigieux et leur végétation, les êtres et les coutumes de notre planète, les enfants sont guidés dans tous ces voyages par un sentiment d'amour et d'attention pour tout ce qui est en vie : ils développent un sens très aigu de l'injustice qui existe et une grande détermination à l'extirper. Contrairement au petit enfant qui ne voit aucune dualité entre le bien et le mal, l'enfant à ce stade manifeste une conscience de ce qui est négatif dans la vie, un sens du mal. Leur moi social se développant à cet âge, ils n'entrent pas dans le monde comme des observateurs indifférents, se contentant d'apprendre comment vivent les différents peuples et ce qu'ils produisent, mais comme des personnes concernées par le sort de l'humanité.

Au fur et à mesure que croît la tendance sociale des enfants, ils se mettent à éprouver, tout comme avant eux les premiers guerriers, un sens du devoir et d'obligation envers autrui. Ils s'identifient moralement à des cercles de plus en plus larges : de leur petite famille ils passent à l'école, puis à la nation, et finalement à l'univers.

Les groupes écovols ne sont donc pas donc pas de simples clubs d'aventure. Ils canalisent l'énergie jaillissante des enfants en leur faisant nourrir ceux qui ont faim, planter des arbres ou nettoyer l'environnement. Avec Écovol, on donne aux enfants l'occasion de manifester par l'action les nobles impulsions qui s'éveillent dans leur cœur. En tant qu'« écoliers volontaires » ils apprennent à exprimer leur amour de l'humanité en servant le monde.

La discipline par l'autorité

Peu à peu, les enfants développent leur conscience, leur sentiment du bien et du mal. Ils s'attendent à ce que les actes justes soient récompensés et l'injustice punie, et reconnaissent l'autorité du professeur à rendre cette justice[a]. Les enfants de cet âge vénèrent en effet, comme leurs ancêtres guerriers, les figures d'autorité comme des héros ou des héroïnes. Ils désirent vraiment de la discipline et qu'on les guide, et ils respectent les professeurs qui sont fermes, décidés et savent maintenir l'ordre.

Les enfants sont si influençables, et leur besoin d'une figure d'autorité est si fort, qu'ils peuvent faire ou imiter presque tout ce qu'un modèle révéré dit ou fait. Un enfant de huit ans se coupa l'artère du poignet gauche avec un couteau et le sang jaillit de sa blessure. Son père le regarda droit dans les yeux et commanda : « Arrêtons ce sang ! » L'enfant cessa soudainement de pleurer et sourit : « Ok ! » Ensemble ils regardèrent le sang qui s'écoulait et crièrent : « Sang, arrête ! » et le sang s'arrêta. Le père fut profondément trou-

---

[a] Lawrence Kohlberg de l'Université de Harvard a proposé une théorie, qui donne à réfléchir, d'un développement moral en six stades qui se déploieraient à mesure que la personne grandit en maturité et en sagesse. Ses deux premiers stades où l'enfant se contente de rechercher du plaisir et d'éviter les punitions correspondent à la petite enfance, la seconde phase de l'enfance correspondant à ses troisième et quatrième stades où l'enfant se conforme aux attentes de l'ordre social et obéit aux figures d'autorité qu'il respecte.

blé et désorienté. Il avait agi spontanément, comme en rêve, et son fils lui avait consciencieusement obéi [12].

Nous avons déjà vu comment des enfants de cet âge avaient, partout dans le monde, été capables, après avoir vu Uri Geller à la télévision, de, tout comme lui, plier cuillers et fourchettes. Lorsqu'un jour, après qu'ils aient simplement regardé des cowboys à la télé, on amena des enfants de onze ans de bas quartiers dans une écurie, ils sautèrent sur les chevaux et les montèrent avec une parfaite maîtrise [a, 12]. À cet âge, l'enfant se transforme en l'image du modèle qu'il aime, et endosse automatiquement ses qualités et facultés. C'est pour cela que le modèle, réel ou imaginaire, que les enfants ont sous les yeux devrait toujours être d'une grande moralité : lorsque les enfants mettent en scène des histoires de héros ou héroïnes, ils s'imprègnent naturellement de leurs belles qualités, et la présence constamment élevante de l'enseignant fera de ces cœurs d'enfant, même les pires, des cœurs d'or. Les enseignants devraient être des modèles idéaux pour les enfants ; ils doivent posséder des qualités telles que force de caractère, droiture, serviabilité, générosité, personnalité et sens du leadership. Car les enseignants sont les éducateurs de la société [b, 39].

À la fin de cette seconde étape de l'enfance, les enfants devraient avoir, s'ils ont été bien guidés et stimulés, toutes les vertus d'un noble guerrier. Ils devraient être courageux et serviables, avoir un sens aigu de l'honneur et du devoir, être prévenants et attentifs aux autres, devenant ainsi eux-mêmes des modèles pour le monde.

---

[a] De nombreuses études ont confirmé que la télévision avait un grand pouvoir suggestif sur l'esprit des enfants. Ce pouvoir devrait être utilisé pour leur élévation et non, comme c'est le cas actuellement, pour leur dégradation.

[b] Les enseignants devraient être en permanence conscients de la grande influence qu'ils ont sur l'image que l'élève se fait de lui-même. De nombreuses études ont révélé que ce à quoi s'attend le professeur de l'élève joue un grand rôle dans la réussite de celui-ci.

Le troisième stade (de 14 à 21 ans) : l'idéalisme

À l'adolescence, comme lors de l'ère lointaine des intellectuels, la pensée abstraite, intellectuelle, s'épanouit. Les connexions neurologiques du néocortex rationnel sont presque entièrement formées et l'adolescent manifeste ce que Piaget nomme « le stade des opérations formelles », la capacité qu'on a de penser à partir d'abstractions internes, indépendamment de toute réalité physique concrète, la capacité de « penser sur la pensée »[a]. Les adolescents deviennent plus critiques vis à vis du raisonnement des adultes, ils ne veulent plus subir passivement leur autorité, ils veulent se former leur propre opinion et trouvent des arguments intelligents pour la défendre. Contrairement aux enfants de l'âge de l'héroïsme qui attendent avec confiance que les adultes les guident et ne remettent pas en question leur autorité, les jeunes sont à ce stade moins influençables, et ils ne respectent les adultes que s'ils reconnaissent leur valeur, leurs capacités, ou leur savoir. Un peu comme la transition qui s'opéra des monarchies patriarcales de l'ère guerrière vers les républiques démocratiques de l'ère des intellectuels, les adolescents font leurs premières tentatives maladroites pour formuler et suivre une législation et intégrer un sens de la justice[b].

Ils sont donc souvent extrêmement critiques vis à vis de l'autorité, et même de façon destructrice, bien qu'intérieurement eux aussi

---

[a] Piaget donna à des enfants et à des adultes de divers âges des proverbes imagés, du genre : « Pierre qui roule n'amasse pas mousse. » Ce n'est qu'à ce stade que les jeunes peuvent en comprendre la signification abstraite. Auparavant, les interprétations des enfants s'appuient toutes sur leur propre fantaisie imagée.

[b] Ce stade inclut le cinquième stade moral de Kohlberg, celui du contrat social : la morale des constitutions et des systèmes légaux s'appuyant sur un consensus social.

aspirent à un guide sage et compréhensif. Plus que jamais, les professeurs d'adolescents doivent mériter leur considération.

La soif de connaissance

À cette époque a lieu une autre poussée de croissance du cerveau, qui a comme résultat une immense soif de connaissance, une passion pour les idées et un désir de comprendre. S'ils éprouvaient auparavant de la joie à vaincre leur peur, ils découvrent à cet âge la joie de savoir, la surprise et l'émotion de découvrir la grandeur de la nature et l'ordre de ses lois universelles. On trouve souvent les adolescents assis, solitaires, contemplant l'espace et plongés dans de vastes pensées à propos de l'immensité du temps et du sens de la vie, se demandant « Qui suis-je ? Quel est cet univers et pourquoi y suis-je né ? »

Il est tragique que l'école d'aujourd'hui ne satisfasse aucun de ces profonds désirs d'infini. Elle n'offre qu'un maigre menu à l'appétit vorace des adolescents. La plupart des systèmes d'éducation ne s'occupent pas du tout de ces éternelles questions sur la nature de Dieu et de l'univers, ou alors y répondent en inculquant des dogmes aux jeunes. Ainsi, ayant été privés d'une orientation correcte à cette époque cruciale, les adultes traversent la vie persuadés que les questions ultimes sont sans réponse, ou recourent à des dogmes que leur raison échoue à justifier. Les dogmes sont une véritable entrave au progrès humain parce qu'ils emprisonnent la pensée humaine avec leurs superstitions irrationnelles et leurs sentiments issus du cerveau antique, et bloquent son expansion naturelle.

Les voyages dans l'esprit

Dans le primaire et le premier cycle du secondaire, l'éducation néohumaniste stimule la passion des enfants pour l'aventure et l'exploration physiques. Dans les dernières années, elle dirige l'enfant dans la grande aventure de sa conscience, par des voyages stimulants dans son esprit et le monde de la pensée. Elle satisfait son immense désir de comprendre les mystères de la vie et de l'univers en lui communiquant une philosophie du monde et de la vie claire et compréhensible qui répond à toutes les questions éternelles d'une façon rationnelle et scientifique, en harmonie avec les derniers développements de la recherche moderne. En explorant les subtilités de la science et des mathématiques, en apprenant à comprendre les concepts intangibles de l'hologramme et d'une dimension au-delà du domaine des fréquences – la réalité divine au-delà de l'espace-temps – les élèves entrevoient les lointaines cimes où la physique se confond avec la métaphysique. Leur pensée s'élève vers une connaissance toujours plus haute jusqu'à retrouver son chemin vers la source spirituelle d'où elle était partie[a].

L'idéalisme latent

L'esprit critique des adolescents cache un idéalisme latent : « Dans l'horizon mental d'un adolescent le rêve d'un avenir idéal point comme la première lueur de l'aube »[39]. L'éducation néohumaniste nourrit cet idéalisme latent, sans sentimentalité, par de nobles exemples, pas seulement de hauts faits, mais aussi des grandes pensées des grands êtres du passé (en particulier de la période des intellectuels qui correspond à l'éveil de la pensée qu'expérimentent eux-mêmes les élèves). Les pages de la littérature qui enflamment leurs plus nobles émotions et leur inspirent des idéaux et aspirations les plus élevés, ainsi que les récits historiques et biographiques qui présentent ces grandes pensées en action produisent un profond effet sur l'adolescent, surtout si la vie personnelle du professeur se modèle elle-même sur les idéaux élevés qu'il présente aux élèves. Avec l'étude des différentes littératures de tous les peuples de la terre, les

---

[a] Nous exposons cette philosophie cosmique sur une « roue de la connaissance » (plus approfondie mais aussi esthétique que celle de la maternelle) appelée le « cycle cosmique ».

jeunes s'émerveillent de l'infinie variété et des richesses cachées de l'humanité, et ils vivent dans leur propre cœur l'idéal de l'universalité.

Le juste développement de la rationalité

Nous avons vu que nous différions des animaux par l'évolution du néocortex. L'intelligence est le plus grand trésor de l'être humain. Nous sommes cependant toujours porteurs des instincts animaux des cerveaux anciens profondément ancrés sous le néocortex, qui nous poussent vers des modèles ancestraux de comportement comme la territorialité et les hiérarchies de domination et de soumission. Ces instincts animaux s'expriment chez l'être humain sous la forme de sentiments irrationnels : la territorialité s'exprime par le « géo-sentiment », l'attachement fanatique à sa propre terre ou son propre pays, et l'instinct communautaire et les modèles hiérarchiques agressifs de domination se manifestent en « socio-sentiments », sentiments et attitudes communautaires hostiles, et l'exploitation d'un groupe par un autre[a]. Ces tendances mentales sources de discorde nous séparent et nous aliènent les uns des autres et du monde qui nous entoure. Elles ont engendré les maux qui affligent notre planète : l'exploitation, les famines, la pollution environnementale et les conflits toujours plus grands entre races, sexes, nations et religions.

Pour devenir pleinement humain, nous devons développer notre rationalité et pour cela parvenir à la complète maîtrise corticale de ces instincts logés dans les plus vieux replis de notre cerveau. Notre rationalité doit non seulement transcender nos impulsions animales, mais aussi nous permettre de déceler leur manifestation dissimulée chez autrui. Car la cruauté et l'oppression animales organisées présentes aujourd'hui chez l'être humain se cachent souvent sous des

---

[a] Pour un exposé plus complet, voir *The Liberation of Intellect: Neo-Humanisme* [*Libérer l'intelligence, pour un Nouvel Humanisme*], de P. R. Sarkar (Calcutta, 1982) [France, 1989].

apparences de plus en plus sophistiquées qu'un esprit engourdi n'aperçoit souvent pas. Nous devons élargir notre horizon mental et développer par une étude attentive notre capacité d'analyse pour dévoiler l'injustice qui existe partout. En développant notre rationalité nous supprimerons tous les préjugés, superstition et dogmes qui nous entravent, et déracinerons toutes ces notions trompeuses et erronées que sont les géo-sentiments, socio-sentiments, la territorialité et la domination de groupe.

La simple analyse rationnelle ne suffit cependant pas. Il nous faut tout analyser dans une perspective du bien social, pour voir si oui ou non cela conduit au bonheur de tous les êtres. Ce jugement avisé est ce qu'on appelle une conscience éveillée. Seule une conscience éveillée peut nous libérer de toutes les entraves de notre pensée inférieure[a].

Les élèves des écoles néohumanistes ne se contentent ainsi pas, à ce stade, de développer la rationalité mais développent également une conscience éveillée. Lorsque ce précieux trésor resplendit en un être humain, il veut l'éveiller en autrui, comme la flamme d'une lampe allumant d'innombrables lampes. Il ne thésaurise pas la connaissance, il la répand dans la société, menant des campagnes d'alphabétisation de masse et des séminaires parmi les démunis afin de libérer l'intelligence de chacun et de permettre à tous de juger à la lumière de la vérité.

La créativité et l'intuition

Le développement psychique ne doit toutefois pas être unilatéral. Il ne faut pas négliger, durant ces années critiques de perfectionnement de la pensée analytique et rationnelle, l'autre partie du cerveau et les plus hauts niveaux de conscience. Il faut aussi s'attacher à dé-

---

[a] Ceci correspond en gros au sixième stade moral de Kohlberg, celui des principes éthiques universels, l'intériorisation de principes moraux universels de justice tels que les définit notre propre conscience.

velopper la pensée créatrice, innovante, par des séances de « remue-méninges »/*brainstorming*, des jeux d'associations et de résolution de problèmes. Les adolescents doivent également avoir suffisamment d'occasions d'exprimer sous une forme subtile – dans la poésie, l'art, la musique et la danse – les puissantes forces créatrices qui se pressent en eux à l'époque de la puberté.

Ce stade aussi réclame un développement équilibré entre l'intellect et l'intuition. Les adolescents ne doivent pas n'être que pris dans l'incessant flot de mots du cerveau gauche, mais apprendre à diriger et à transcender le processus même de leurs pensées. On devrait leur enseigner des techniques subtiles qui leur permettent de diriger et élargir leur pensée, techniques qu'ils devraient mettre régulièrement en pratique de sorte à développer de façon méthodique la capacité à se concentrer et à canaliser leur énergie mentale, tout comme l'on acquiert la capacité de faire des mathématiques à un niveau élevé de façon méthodique. L'esprit s'élargissant par la pratique régulière de la méditation, ils seront de plus en plus capables d'absorber et d'assimiler un savoir intellectuel toujours grandissant.

L'on devrait inspirer les jeunes à comprendre l'idéologie universaliste non seulement intellectuellement, mais aussi dans leur cœur, à l'aide de la méditation spirituelle. Car pour atteindre les cimes élevées de l'Esprit, la parole et les mots sont inutiles. Ce n'est que si l'on s'est élevé à l'état surconscient que l'on peut ressentir la lumière rayonnante de ce glorieux domaine universel, quand la pensée a transcendé les couches inférieures de la sensorialité et de l'intellectualité que l'on peut goûter à cette béatitude infinie.

La crise d'identité

Quand les adolescents commencent à découvrir leur propre monde intérieur, leur esprit bouillonne de questions incessantes à propos d'eux-mêmes : « Quel genre de personne suis-je... ? Qu'y a-t-il de bien en moi ? Et de mauvais ? Que pensent les autres de moi ? »

Désespérément à la recherche d'une identité stable dans un monde agité, troublés par l'anarchie pulsionnelle que le changement glandulaire de la puberté produit en eux, ils adhèrent souvent à des clubs, des associations fermées sur leur petit groupe, parfois sexistes ou racistes, et même des gangs de jeunes, pour prouver leur propre identité à l'intérieur de communautés « nettoyées » de toute personne qui n'est pas « des leurs ». Dans la sécurité toute relative de ces groupes entre pairs, ils défient et manipulent hardiment les autres, surtout les figures d'autorité, et cachent leur sentiment d'insuffisance ou d'inadaptation sous un comportement impulsif et de bravade.

Il leur faut, durant cette période, prendre conscience de leur identité divine. On doit les guider vers une identification avec la conscience illimitée et leur permettre de comprendre qu'en tant que partie de cet hologramme infini, ils possèdent les capacités et la sagesse du Tout. Leurs conflits intérieurs et leurs tourments s'apaiseront alors et ils se sentiront forts et en sécurité dans la conscience de leur moi infini. Nous devons guider nos adolescents comme les sages du passé guidaient leur jeunesse :

[Une ancienne oupanishad raconte :]

Lorsque Shvetaketu eut douze ans, son père, le sage Uddâlaka lui dit :

« Shvetaketu, il te faut maintenant aller étudier à l'école. Personne dans notre famille n'ignore Dieu (*Brahma* – l'Esprit, le Soi infini).

Shvetaketu se rendit chez un professeur et étudia de nombreuses années. Lorsqu'il sut par cœur toutes les Écritures, il retourna chez lui, orgueilleux de son savoir.

Son père, remarquant la vanité du jeune homme, lui demanda :

« Shvetaketu, possèdes-tu cette connaissance qui nous fait entendre l'inaudible, percevoir l'imperceptible et connaître l'inconnu ?

– Quelle est cette connaissance, père ? demanda Shvetaketu. S'il te plaît apprend-la moi.

– Qu'il en soit ainsi, dit Uddâlaka, au début était l'Être, un, sans rien d'autre. Dieu, unique, pensa : que je sois plusieurs, que je me multiplie. Il projeta ainsi l'univers hors de lui. Ayant projeté hors de lui l'univers, il entra dans chaque être. Tout ce qui est ne possède que l'Être en lui. C'est l'essence la plus subtile de toute chose, c'est la Vérité, c'est le Soi, Shvetaketu, c'est toi-même.

– S'il te plaît, parle-moi encore de ce Soi.

– Ainsi soit-il, mon enfant. Apporte-moi un fruit de ce *nyagrodha*.

– Voilà, père.

– Casse-le.

– Il est cassé, père.

– Que vois-tu ?

– Quelques graines, très petites, père.

– Casse-en une.

– Elle est cassée, père.

– Que vois-tu ?

– Rien, père.

– L'essence subtile que tu ne vois pas, c'est en elle qu'est le tout de l'arbre *nyagrodha*. Sache, mon fils, que c'est dans cette essence très subtile que toute chose a son existence. Voilà la vérité, voilà le Soi/l'Âme [de toute chose]/l'Esprit. C'est cela, Shvetaketu, que tu es.

– S'il te plaît, père, parle-moi encore de ce Soi.

– Qu'il en soit ainsi. Mets ce sel dans l'eau et reviens me voir demain matin.

Shvetaketu fit comme son père lui avait demandé. Le lendemain, son père lui demanda de lui donner le sel qu'il avait mis dans l'eau. Mais il ne put pas car le sel s'était dissous. Uddâlaka lui dit alors :

– Bois l'eau et décris-la moi.

– Elle est salée, père.

– De même, poursuivit Uddâlaka, bien que tu ne voies pas Dieu dans ce corps, il y est vraiment. C'est l'essence la plus subtile en qui toutes choses ont leur existence. C'est la Vérité. C'est le Soi, Shvetaketu, c'est toi-même.

– S'il te plaît, père, parle-moi encore de ce Grand Moi, dit de nouveau le jeune homme.

– Qu'il en soit ainsi mon enfant : supposons qu'on ait emmené et laissé dans un endroit inconnu un homme aux yeux bandés, que celui-ci se tourne de tous côtés criant qu'on lui ôte son bandeau et lui montre le chemin de la maison, et que quelqu'un ainsi supplié dénoue son bandeau, le réconforte et lui indique la direction pour qu'il puisse enfin rentrer à la maison. C'est exactement ainsi qu'une personne qui rencontre un professeur ayant l'illumination obtient la vraie connaissance.

La Vérité, qui est le Soi, est la plus subtile essence, en qui tous les êtres ont leur existence, voilà ! Ce « Soi », ô Shvetaketu, c'est toi-même ! »[40]

Le quatrième stade (à partir de 21 ans) : la responsabilité

Au cours du quatrième stade de l'évolution humaine, les intellectuels se sont peu à peu tournés vers le domaine pragmatique de la production et de la distribution économiques. Il en est de même des élèves à cet âge, ils s'intéressent aux solutions aux problèmes de la planète et à la formation d'une structure sociale qui reflète d'un point de vue pratique leurs idéaux. Les questions sociales et économiques ne doivent pas être considérées, durant les années d'éducation supérieure, comme une spécialisation à part, mais, au contraire, comme la meilleure occasion d'exprimer son humanité. Contrairement aux marchands sans scrupules, les étudiants et jeunes adultes n'appliquent en effet pas leur compréhension socio-économique à leur profit personnel et à l'exploitation des faibles. Ils apprennent à se servir de leurs connaissances, capacités et compétences acquises tout au long de leur scolarité pour mettre en œuvre tout le potentiel que recèle l'hologramme universel pour le bien et le bonheur de tous, de façon progressiste. Ils reconnaissent que leur éducation n'est pas un passeport pour les privilèges mais l'obligation sacrée de servir le peuple.

Tout peut se résumer par cette question : « À quoi sert l'éducation ? » Je crois que ce sont les Chinois qui ont, avant la seconde guerre mondiale, calculé qu'il fallait le travail de trente paysans pour envoyer un homme ou une femme à l'université. Si cette personne reste cinq ans à l'université, elle aura consommé cent cinquante ans de travail de paysan. Comment justifier cela ? Qui a le droit de s'approprier cent cinquante ans de labeur de paysans pour mettre quelqu'un à l'université pendant cinq ans ? Et que reçoivent en échange les paysans ? Cette question nous amène à une croisée des chemins : l'éducation/l'instruction est-elle un passeport pour les privilèges ou quelque chose que l'on revêt presque comme un vœu monastique, une obligation sacrée de servir le peuple ? [41]

Sachant que la vraie richesse n'est pas l'or mais la juste utilisation de l'énergie, ces jeunes adultes utiliseront leur intelligence créatrice pour exploiter les réserves infinies d'énergie de l'univers. Comme ils comprennent que les ressources de l'univers sont la propriété commune de tous les êtres vivants, ils les distribueront équitablement, ne négligeant personne. En harmonie avec la terre, en tant que préposés et protecteurs de la nature, ils ne la détruiront ni ne l'exploiteront pas dans leur tentative d'enrichir l'humanité. Leur pensée holistique se fera pluridisciplinaire et systémique pour résoudre les problèmes de la Terre au fur et à mesure qu'ils se présentent. Guidés par leur conscience éveillée, ils appliqueront les procédés scientifiques et technologiques les plus progressistes de sorte à bâtir un système politique et économique qui réponde aux besoins de la famille humaine toute entière[a].

Les êtres humains sont aujourd'hui responsables de leurs voisins et du monde comme ils ne l'ont jamais été auparavant. La jeunesse présente a non seulement besoin d'assumer cette responsabilité, mais elle en meurt d'envie. À ce dernier stade de sa croissance, elle développe une grande compétence pour faire fusionner ses idéaux visionnaires à la dure réalité de cette terre.

---

[a] La Théorie de l'Utilisation progressiste, la TUP (en anglais *Progressive Utilization Theory* dite *PROUT* (prononcé praote)), une théorie socio-économique proposée par P.R. Sarkar, fournit le modèle pour arriver à une utilisation maximale de nos ressources collectives – s'appuyant sur la décentralisation bureaucratique –, avec la création d'unités économiques autosuffisantes contrôlant leurs propres ressources et développant tout le potentiel économique de chaque région.

LE « *SADVIPRA* », L'EXPRESSION LA PLUS ABOUTIE DE L'HUMANITÉ

Un des constants miracles de la vie est que, de la naissance à la mort, le développement de l'être humain suit une longue et lente série de métamorphoses – physiques et psychologiques – qui reproduit, à l'échelle humaine, l'évolution historique de toute l'humanité.

À chaque stade, il y a une période d'apprentissage intense, une poussée de croissance du cerveau où de nouvelles facultés peuvent se développer rapidement : tous les enfants sont génétiquement programmés pour apprendre et le font de gaieté de cœur si l'approche éducative correspond à leurs désirs intérieurs.

Pour le développement maximal des enfants, il est souhaitable que l'éducation soit soigneusement conçue et corresponde aux différentes phases de la croissance humaine :

– au premier stade, nous devons prodiguer aux enfants des soins pleins d'amour,

– au second stade, nous devons les stimuler par des défis,

– au troisième stade, nous devons les guider avec sagesse, et

– au quatrième stade, les motiver par un noble but.

Bien guidé à chaque stade, l'enfant assimile les qualités nécessaires pour faire face aux défis du stade suivant. L'enfant de l'école primaire développe le courage et la détermination nécessaires pour affronter avec confiance l'inconnu en s'appuyant sur la base solide de sa foi en l'amour et la bienveillance infinis acquise à l'école maternelle. L'adolescent développe la confiance en soi nécessaire pour faire face aux incertitudes de l'âge adulte en prenant appui sur l'autodiscipline et la ferme détermination acquises dans l'enfance. Quant au jeune adulte, il développe le sens des responsabilités nécessaire pour résoudre les difficiles problèmes de la société en s'appuyant sur la conscience éveillée de l'adolescence.

C'est ainsi que ces individus une fois arrivés à pleine maturité et prêts à assumer leur rôle dans la vie adulte, personnifieront les plus hautes qualités des différents stades de l'humanité : l'humilité et la sympathie pour toute la création des premiers humains, le courage, la force, l'honneur et la noblesse du guerrier, l'intelligence créatrice et l'idéalisme de l'intellectuel, et la grande compétence et la capacité de travail du marchand. L'apogée de cette éducation est le *sadvipra*, [un « sage »], homme ou femme à l'intelligence bienveillante, une personnalité totalement équilibrée, prête à servir tous les êtres et désireuse de le faire, un précieux atout pour l'humanité. Se considérant comme ne faisant qu'un avec toutes les créatures, comme une partie de l'unité de la vie, elle va de l'avant avec confiance, abattant les obstacles et les difficultés sur son chemin, travaillant sans relâche pour l'émancipation de toute l'humanité[a].

Tel est le but de l'éducation néohumaniste : la création de *sadvipras*. Par leur action concertée, ils porteront le monde de l'hostilité réciproque au sentiment communautaire, du désespoir à la créativité, de la passivité à la participation, du cynisme à la bienveillance, de la survie à la transcendance. Ce sont les éclaireurs de la société humaine, annonçant la nouvelle et resplendissante civilisation à venir, la plus haute manifestation de l'humanité sur terre.

---

[a] Pour plus de précision sur les *sadvipras* voir *Human Society, Part one [La Société humaine, tome 1]*. [Ou les suppléments de *La Vision de la Tup, la Théorie de l'Utilisation progressiste*, France, Éditions Ananda Marga, 2011. (ndé)]

Une éducation pour un monde nouveau

Une civilisation en crise

Nous vivons un moment unique dans l'histoire de notre planète. Nous nous anéantissons les uns les autres dans d'incessantes guerres génocides. Dans notre course au profit, nous nous empoisonnons par des déchets chimiques et nucléaires, déréglons le climat de la terre en brûlant sans retenue des combustibles produisant du dioxyde de carbone, détruisons d'innombrables espèces végétales et animales. La terre entière affronte aujourd'hui la plus grande crise de son histoire : l'existence même de toute vie est menacée, et l'avenir semble sombre.

Trois milliards d'années d'évolution à travers des milliers d'espèces expérimentales : à quelle fin ? Pour produire l'être humain sous la domination duquel la planète sombre de plus en plus dans le chaos ? Des éternités d'évolution pour mettre au point un cerveau au potentiel infini et une intelligence à la flexibilité illimitée, cela pour produire des scientifiques utilisant leur merveilleuse intelligence à inventer des armes toujours plus sophistiquées qui peuvent détruire mille fois la terre ? Quand nous sommes-nous trompés ?

Une vision fragmentée

Le problème n'est pas dans notre cerveau mais dans la façon dont nous l'utilisons, dans la conscience qui dirige nos vies. L'être humain est de nos jours dominé par une façon de voir le monde analytique, mécanique et fragmentée : le mode séquentiel, linéaire du cerveau gauche qui façonne nos systèmes d'éducation et sociaux, notre technologie, nos sciences, nos religions et nos cultures. Cette conscience analytique nous porte à voir le monde, et nous-mêmes, comme des éléments séparés et isolés les uns des autres. Comme nous ne nous concevons pas comme une partie du tout, nous sommes devenus étrangers à la nature, aux autres êtres humains, et à notre propre moi intérieur. Cette vision décousue a engendrée la compétition effrénée qui a cours dans ce système de rivalité concurrentielle qui régit notre planète : humain contre humain, humain contre nature, entreprise contre entreprise, nation contre nation. Tous les parties sont aujourd'hui en compétition, bataillant l'une contre l'autre pour le travail, l'argent, le territoire, les matières premières, le statut social, la gloire, le prestige et le pouvoir. Les vieilles émotions animales de haine et de rage, et les schémas comportementaux d'agression et de domination s'affichent aujourd'hui avec toujours plus de raffinement intellectuel : au lieu de maîtriser nos pulsions instinctives inférieures, notre intelligence dénaturée trouve des manières toujours plus subtiles et sophistiquées de les manifester. L'on voit partout les signes d'une bestialité brutale et de destructions voulues : guerres, génocides, crimes violents et viol de la planète. Nous sommes assis derrière nos ordinateurs avec des instincts de crocodiles, prêts à faire sauter le monde en appuyant sur un bouton.

Une vision unifiée

Les penseurs progressistes comprennent de plus en plus que cette vision du monde est non seulement dangereuse, mais aussi absolument fausse. L'univers, disent les physiciens, n'est pas un ensemble d'éléments séparés mais un seul et même vaste élément, et toutes les choses sont interdépendantes et inséparables du reste.

Les éléments constitutifs de la matière et les phénomènes fondamentaux qui les régissent sont tous interconnectés et interdépendants... ils se transforment continuellement les uns en les autres en une danse universelle d'énergie... On ne peut les considérer comme des entités distinctes mais seulement comme les parties intégrées d'un même tout[42].

Même si le monde est un tout intégré, ceux qui prennent les décisions politiques, économiques et technologiques importantes concernant l'avenir de ce monde pensent en termes d'éléments séparés. Une récente conférence de scientifiques concernés a pourtant conclu que les décisions devraient s'appuyer sur une pensée universaliste : « Il nous faut élargir les frontières que les gens se créent autour d'eux de sorte qu'ils s'identifient non pas avec leur moi physique mais avec un système plus vaste qui englobe leur environnement... l'on doit considérer la société et l'écosystème comme un tout »[43]. Pour résoudre les problèmes du monde, insistent les scientifiques, nous n'avons pas besoin d'une connaissance plus approfondie mais d'une vision plus élevée[a].

Pour sauver la planète, il faut une révolution de la conscience, et cette révolution doit commencer à la maternelle.

Une éducation visant l'unité

La qualité de la vie sur cette planète changera lorsque l'éducation nourrira, et n'étouffera pas, la merveilleuse vision d'unité du petit enfant. Nous grandirons alors en considérant tous les êtres comme des parties de nous-mêmes, nous ne pourrons pas exploiter les autres comme des objets vides, ni leur livrer des guerres impitoyables. Lorsque nous ressentirons la nature comme sacrée, nous ne verrons plus les forêts comme du bois de charpente, tout juste bonnes à être ravagées pour notre profit. Nous protègerons et serviront toutes les

---

[a] Le psychologue canadien Herbert Koplowitz, affirmant que le dernier stade du développement de la pensée de Piaget (les opérations formelles) était dualiste et limité, a proposé [deux stades supplémentaires au-delà, celui d'une pensée « systémique », et] celui des « opérations unitaires » ou « pensée opératoire unitaire », qui voit la réalité comme un tout continu. La pensée mystique est un exemple de ce stade des « opérations unitaires ».

créatures comme nos frères et sœurs dans l'harmonie de la vie. Quand nous nous verrons comme des lueurs de la lumière infinie, nous n'éprouverons plus faiblesse, confusion ou infériorité, nous développerons une foi immense en nous-mêmes, nous deviendrons vraiment grands.

L'intuition et l'intelligence

Nous ne pouvons transformer notre conscience objective, analytique en connaissance synthétique, holiste/globale qu'en éduquant notre côté intuitif. La pratique de l'intuition, la méditation, modifie notre cerveau et notre système nerveux, nous permettant de faire l'expérience directe de l'hologramme universel.

L'éducation signifiait jusqu'à présent la simple éducation intellectuelle. Or celle-ci met l'accent de façon exagérée sur l'acquisition de connaissances, programmant les élèves comme s'ils étaient de petits ordinateurs. Nous apprenons cependant peu à peu qu'il n'est pas nécessaire de réprimer la créativité et l'intuition pour développer la raison : il nous faut, au contraire, développer intuition et intellect simultanément et de façon coordonnée. L'intelligence rationnelle est alors en mesure de diriger, guidée par la vision holiste de l'intuition, nos impulsions animales, ce pour quoi elle est conçue, et non de favoriser leur manifestation. Notre pensée analytique organisera nos intuitions de sorte à découvrir toujours plus de manières créatives de résoudre nos problèmes collectifs pour le bien de toute vie. Tandis que nous apprendrons par la pratique de l'intuition/[la méditation] à élargir notre esprit vers des niveaux de conscience toujours plus subtils et à fusionner avec cet océan de félicité infinie, notre moi le plus élevé resplendira de toute sa splendeur ; l'éducation aura alors rempli sa mission sacrée : nous élever à la perfection qui est déjà en nous.

Une éducation pour un monde nouveau

L'éducation néohumaniste est ainsi une éducation « holistique » visant à libérer l'individu et la société de toutes ses entraves, et solidement appuyée sur une psychologie complète de l'être humain. Au lieu de réprimer ou bloquer les plus hauts niveaux d'esprit, elle intègre tous les aspects de l'enfant : son corps, sa sensorialité, son intellectualité, son affectivité, son imagination, son intuition et son âme. C'est une harmonieuse synthèse de liberté et de responsabilité, de mysticisme et de pragmatisme, de rationalité et de créativité, de défis et de détente, d'autonomie et d'interdépendance. Cette éducation permet aux élèves d'arriver aussi bien à la connaissance d'eux-mêmes qu'à la connaissance objective, parce qu'elle développe d'un côté la maîtrise du monde, et de l'autre la transcendance. Ce n'est pas une simple éducation intellectuelle, qui souvent rend les gens bêtement plus égoïstes, c'est aussi une éducation du cœur.

Il n'est pas étonnant que l'éducation traditionnelle, avec son conformisme généralisé et l'importance qu'elle accorde aux valeurs matérielles, aux examens et aux diplômes, ait produit des adultes dénués d'un idéal vers lequel progresser, préoccupés uniquement de profits et de pertes. Cependant, en dépit de l'illusion de séparation qui habite l'être humain, la technologie rassemble aujourd'hui, comme jamais dans le passé, l'humanité en un grand village. Nous ne pouvons plus vivre confinés dans nos races ou nations, tous nos esprits sont traversés par tous les vents de la planète.

En se diffusant dans le monde, l'éducation néohumaniste va libérer tout le potentiel physique, psychique et spirituel de l'humanité. Ces êtres humains ne seront plus dirigés par la compétition, l'avidité et l'agression. Ils manifesteront une sagesse pleine de compassion et un amour altruiste. Ils rendront harmonieux tous les aspects de la vie. Ils aboliront toutes les barrières qui divisent les êtres et uniront toute la société humaine en une famille mondiale. Se débarrassant de toute bigoterie et étroitesse d'esprit, ils marcheront main dans la main vers la perfection, et tous goûteront le bonheur de la connaissance de soi. L'humanité entière deviendra un jardin où s'épanouissent des fleurs de toutes variétés, chacune déployant ses pétales pour recevoir les rayons du soleil et exhalant son parfum pour donner un nouveau souffle de vie au monde.

La civilisation humaine est aujourd'hui à un point de rupture. D'un côté se trouve le schéma usé du passé, de l'autre l'aube d'une ère glorieuse[44]. Si l'espèce humaine mais également les plantes et les animaux doivent vivre sur cette planète, si nous voulons considérer les souffrances des dernières décennies du vingtième siècle comme les affres de la naissance et non celles de la mort, il nous faut créer une nouvelle génération humaine qui manifestera une nouvelle force, une nouvelle conscience sur la terre. Contrairement aux humanistes du passé, qui travaillaient uniquement à l'élévation de l'humanité, ces nouveaux humanistes comprendront que les êtres humains, en tant qu'êtres les plus intelligents de l'univers, doivent être responsables de la création toute entière. Le cœur ardent et l'esprit clair ils proclameront : « Nous sommes venus au monde pour accomplir de grandes choses, pour le bien-être physique de tous, pour le bonheur psychique de tous, pour l'élévation spirituelle de tous »[45].

L'univers sera devant eux comme une harpe d'or, et quand ils en pinceront les cordes, la joyeuse harmonie du futur s'élèvera : « Un monde, une vie, un univers ! »

Eux seuls seront capables de conduire la création toute entière de l'obscurité à la lumière.

Pour une présentation des livres de l'auteure et de son mentor disponibles en français, consultez les sites :
https://ananda-marga.monsite-orange.fr et
http://anandamarga.free.fr/livres.htm

NOTES BIBLIOGRAPHIQUES

1 Drs Barbara Betz et Caroline Thomas, *Johns Hopkins Medical Journal*, mai 1981.

2 *Brain/Mind Bulletin*, Californie, juin 1981.

3 Maria Montessori, *The secret of Childhood*, Ballentine Books, 1966.

4 Marilyn Ferguson, *The Brain Revolution*, Bantam Books, 1973.

5 *Brain/Mind Bulletin*, Californie, 8 mars 1982.

6 *The Circle of Love: A Manual for Kindergarten Teachers*, Ananda Marga Publications, Manila, 1982.

7 *Brain/Mind Bulletin*, 4 décembre 1976.

8 V. Sukhomlinsky, *To Children I Give My Heart*, Progress Publishers, Moscow.

9 Betty Edwards, *Drawing on the Right Side of the Brain*, J.P. Tancher, 1979.

10 Richard de Mille, *Put Your Mother On the Ceiling*, Penguin Books, 1980.

11 A.C. Hardwood, *The Recovery of Man in Childhood*, Holder and Stoughton.

12 Joseph Clinton Pearce, *The Magical Child*, Bantam Books, 1977.

13 *Brain/Mind Bulletin*, 3 décembre 1975.

14 Ephraim Singer, *The Child's World of Make Believe*, ed. Jerome Singer, N.Y. Academic Press, 1973.

15 Bruno Bettelheim, *The Uses of Enchantment* [*Psychanalyse des contes de fées*], Vintage Books, mai 1977.

16 *Brain/Mind Bulletin*, 20 novembre 1978.

17 *Brain/Mind Bulletin*, 2 juin 1980.

18 Denise McCluggage, *The Centred Skier*, Bantam Books.

19 Jerome Singer, *Daydreaming*, Random House, 1966.

20 Jacques Hademard, *The Psychology of Invention in the Mathematical Field*, Princeton University Press, 1945.

21 Bob Samples, *The Metaphorical Mind*, Addison-Wesley, 1976.

22 John Gowan, *Journal of Creative Behavior*, volume 2 n° 2.

23 Sir Arthur Clarke, *Frontiers of Consciousness*, ed. John White.

24 William James, *The Principles of Psychology*, Dover Publications, 1950.

25 Jerome Bruner & C.C. Goodman, « *Value and Need as Organizing Factors in Perception* », *Journal of Abnormal and Social Psychology*, 42, 1947.

26 Indres Shah, *Caravan of Dreams*, Penguin Books, 1972.

27 Annette Hollander, *How to Help Your Child Have a Spiritual Life*, Bantam Books, 1980.

28 Daniel Golene, « *Meditation Helps Break the Stress Spiral* », dans *Psychology Today*, février 1976.

29 Dr Ronald Jevning, professeur de médecine à l'University of California, Irvine Medical Center.

[30] *Brain/Mind Bulletin*, 15 juillet 1979.

[31] Évangile de Matthieu, 18-3.

[32] « *Karl Pribram's Changing Reality* », dans *Human Behavior*, mai 1978.

[33] Sir Arthur Eddington, dans Michael Talbot, *Mysticism and the New Physics*, Bantam 1981.

[34] *Shrii Shrii* Anandamurti, *Namah Shivaya Shantaya* [*Mes hommages ô Shiva le Tranquille*], Ananda Marga Publications, Calcutta, 1982.

[35] Albert Szent-Gyorgi dans Marilyn Ferguson, *The Aquarian Conspiracy*, J.P. Tancher, 1980.

[36] Kenneth Boulding, président de l'*American Association for Advancement of Science*, dans *The Aquarian Conspiracy* (Marilyn Ferguson, J.P. Tancher, 1980).

[37] Michio Kushi dans *East West Journal*, juillet 1977.

[38] Carl Sagan, *The Dragons of Eden*, Ballantine Books, 1977.

[39] P.R. Sarkar, *The Human Society Part 1*, Ananda Marga Publications, Calcutta, 1962.

[40] *Chandogya Upanisad, VI*, traduction de *Swami* Prabhavananda.

[41] E.R. Schumacher, *Small is Beautiful*.

[42] Fritjof Capra, *The Tao of Physics*, Bantam Books, 1977.

[43] Herbert Koplowitz, *Unitary Operations*, manuscript inédit, mai 1978.

[44] P.R. Sarkar, *Ananda Vanii*, 1er janvier 1967.

[45] P.R. Sarkar, *The Liberation of Intellect: Neo-Humanisme,* Ananda Marga Publications, Calcutta, 1982 [*Libérer l'intelligence, pour un Nouvel Humanisme*, France, éditions Ananda Marga, 1989].

« Que chacun puisse jouir de la douce saveur
de la liberté intellectuelle. »

P.R. Sarkar,
*Libérer l'intelligence,
vers un Nouvel humanisme*